DE

L'ÉDUCATION CORRECTIONNELLE

ET DE

L'ÉDUCATION PRÉVENTIVE

ÉTUDE

SUR LES MODIFICATIONS A APPORTER A NOTRE LÉGISLATION

CONCERNANT LES JEUNES DÉTENUS

ET LES MINEURS ABANDONNÉS OU MALTRAITÉS

PAR

M. Théophile ROUSSEL

Membre de l'Académie de médecine et de la Société générale des Prisons,
Sénateur.

PARIS

J. BONHOURE ET Cie, ÉDITEURS

48, RUE DE LILLE, 48

—

1879

DE
L'ÉDUCATION CORRECTIONNELLE

ET DE

L'ÉDUCATION PRÉVENTIVE

~~~~~~~~~

ÉTUDE

SUR LES MODIFICATIONS A APPORTER A NOTRE LÉGISLATION

CONCERNANT LES JEUNES DÉTENUS

ET LES MINEURS ABANDONNÉS OU MALTRAITÉS

PAR

M. Théophile ROUSSEL

Membre de l'Académie de médecine et de la Société générale des Prisons,
Sénateur.

PARIS

J. BONHOURE ET Cie, ÉDITEURS

48, RUE DE LILLE, 48

—

1879
~~~~~~~~~

DE

L'ÉDUCATION CORRECTIONNELLE

ET DE

L'ÉDUCATION PRÉVENTIVE

Le travail que nous publions a pour objet deux questions dont l'intérêt n'a pas besoin d'être démontré : celle des jeunes détenus, dont le régime actuel soulève, depuis plusieurs années, de justes réclamations, et celle des enfants abandonnés ou maltraités auxquels la loi doit assurer enfin, avec l'éducation, une protection qui leur fait encore défaut dans notre pays.

La première de ces questions est du domaine de la Réforme pénitentiaire ; la seconde appartient surtout à l'Assistance publique. Mais elles sont si étroitement connexes par leur sujet même, qu'il n'est pas possible de les séparer lorsqu'on étudie de près le sort déplorable des enfants que le vagabondage, la mendicité ou d'autres délits placent incessamment entre les mains de la police et de la justice. C'est ainsi que nous avons été amenés à les réunir dans une même étude.

Cette étude comprend deux Rapports présentés à la Société générale des Prisons, au nom de sa Section d'éducation correctionnelle. Le premier, lu dans la séance du 5 févrirr 1879, a pour objet la révision de notre législation concernant les jeunes détenus, dont tout le monde reconnaît la nécessité depuis la grande Enquête parlementaire de 1872. Nous avons joint à ce Rapport un résumé et quelques extraits des discussions qui lui ont fait suite dans les séanes de la Société des 5 mars, 2 avril et 7 mai.

Le second Rapport, présenté dans la séance du 12 juin dernier, traite d'abord la question encore controversée des *Écoles industrielles* d'Angleterre et d'Amérique. Nous avons recherché, sans engouement pour les institutions des pays étrangers et sans aucun parti pris, quels services on est fondé à attendre pour l'éducation et la protection des enfants abandonnés et maltraités, d'établissements créés en dehors du régime pénitentiaire et investis du droit de détention ou de garde des mineurs qui leur seraient confiés. C'est le point neuf et délicat de notre sujet. Nous avons dû, en le traitant, toucher à une question très-difficile : la puissance paternelle, dont il s'agit de sauvegarder les droits, en parant à ses défaillances et réprimant ses plus criants abus.

En donnant aux conclusions de ce second Rapport la forme d'une Proposition de loi, nous n'avons pas eu la prétention d'anticiper sur l'œuvre du législateur. Nous avons pris la forme la plus propre, suivant nous, à bien marquer notre but pratique et notre conviction que ces questions sont mûres pour une solution législative. Il nous a semblé aussi que nous rendrions plus facile la critique, c'est-à-dire le concours utile, de tous ceux qui s'intéressent à ces questions et se préoccupent d'améliorer le sort de l'enfance malheureuse.

PREMIÈRE PARTIE [1]

DE L'ÉDUCATION CORRECTIONNELLE

Coup d'œil sur notre législation actuelle et sur le régime des jeunes détenus. Résultats des travaux de la Commission d'enquête parlementaire
de 1872. Projets de révision des articles 50, 66, 67, 69 et 271 du Code
pénal et de la loi du 5 août 1850. Opinions et propositions de MM. Ch. Lucas,
Arboux, Mottet, Bonjean, Houyvet, Lunier, Marjolin, Lacointa et Fernand
Desportes. Amendements présentés au nom de la 3ᵉ Section de la Société
générale des Prisons. Conclusions.

Parmi les questions dont la Société générale des Prisons poursuit activement la solution, aucune n'est plus digne de sa sollicitude que celle des réformes à apporter au régime des jeunes
détenus. Mais, après la longue et savante enquête dont elle a
été l'objet au sein du parlement et dont nous avons à poursuivre
encore les résultats pratiques, cette question, si on l'étudie dans
toute son étendue, dépasse les limites du régime pénitentiaire.
Après l'étude des mesures nécessaires pour réformer et compléter
notre législation sur les jeunes détenus, se présente l'étude non
moins urgente et indispensable des mesures à prendre pour
assurer l'abri, les soins, l'éducation morale et professionnelle
et la protection tutélaire qui lui manquent, à la population
malheureuse de mineurs des deux sexes, dans laquelle se
recrutent presque tous les jeunes détenus. Si l'on s'attache avant
tout aux bienfaits que l'humanité peut retirer du perfectionnement de nos lois, on reconnaît que ces deux questions n'en
font qu'une et qu'elles doivent être embrassées dans une même
étude.

---

(1) Rapport présenté le 5 février 1879, à la Société générale des Prisons.

Les préoccupations des pouvoirs publics en France au sujet des jeunes détenus, n'appartiennent pas en propre à notre temps. L'illustre Président de la Société générale des Prisons, M. Dufaure, en venant occuper le fauteuil où l'acclamation de ses collègues l'avait appelé, se plaisait à rattacher l'origine de ce mouvement d'humanité à l'origine même du gouvernement parlementaire. Il rappelait le texte d'une Ordonnance du 18 août 1814, dans laquelle on lit, que « *s'étant fait rendre compte de la situation des jeunes condamnés et sachant que répartis dans plusieurs prisons, ils y sont confondus avec les coupables vieillis dans le crime* » le roi considère « *que ces jeunes condamnés plus susceptibles que les autres de reconnaître leur erreur et de mériter de rentrer dans la société, non-seulement sans danger, mais en étant dignes d'y reprendre un rang, doivent être l'objet de sa sollicitude* ». Le roi prescrivait en conséquence des mesures qui, à la vérité, ressemblent moins à une réforme qu'à une expérience, puisqu'elles ne devaient s'appliquer qu'à cent jeunes condamnés. En fait, c'est à l'origine même de notre émancipation politique qu'a été posé, parmi nous, le principe de l'Éducation correctionnelle. Les auteurs du Code pénal de 1791, devançant la science pénitentiaire, formulèrent en ces termes l'article 2 de la nouvelle loi pénale : « *Si les jurés décident que le coupable* (âgé de moins de seize ans) *a commis le crime sans discernement, il sera acquitté du crime; mais le tribunal pourra, suivant les circonstances, ordonner que le coupable sera rendu à ses parents, ou qu'il sera conduit dans une maison de correction, pour y être élevé et détenu pendant tel nombre d'années que le jugement déterminera et qui toutefois ne pourra excéder l'époque à laquelle il aura atteint l'âge de vingt ans.* » On voit, par ces termes, que les inspirations humaines de 1791 ont dicté au législateur de 1810 les articles 66 et 67 du Code pénal qui ont aujourd'hui force de loi. Malheureusement, les meilleures lois restent souvent stériles, lorsqu'elles n'apportent pas avec elles des prescriptions propres à assurer leur mise à exécution. La création de *Maisons de correction pour élever les enfants acquittés* est implicitement ordonnée par la loi depuis 1791; mais elle exigeait des installations coûteuses; elle soulevait ainsi des difficultés financières aggravées par le manque d'unité des administrations pénitentiaires, en sorte que les départements et le gouvernement lui-même, malgré les belles paroles de Louis XVIII, ont continué jusqu'après 1830, à se dispenser des obligations résultant du texte du Code pénal. C'est à peine si l'établissement d'un quartier correctionnel à Strasbourg, en 1824, et celui d'un quartier semblable à Rouen, en 1826, peuvent être cités comme faisant exception au régime odieux de promiscuité et d'entassement pêle-mêle avec les adultes, qui a été si longtemps la condition des jeunes détenus en France.

Après la révolution de juillet, sous l'impulsion plus forte des idées libérales, un mouvement nouveau s'opéra parmi les publicistes, les jurisconsultes et dans l'Administration elle-même. La réforme pénitentiaire des jeunes détenus fut cherchée, d'un côté, dans l'emprisonnement solitaire, de l'autre, dans les travaux agricoles. La construction de la Maison cellulaire de la Roquette fut le résultat de la première de ces tendances ; la seconde donna lieu à la création des premières Colonies pénitentiaires agricoles, dont Mettray a été, depuis 1839, le modèle achevé. On peut juger de l'élan des esprits, à cette époque, par une Circulaire ministérielle de 1832, signée du nom de M. d'Argout, et qu'on citera longtemps encore, parce qu'elle montre un idéal qui n'est pas encore atteint, à savoir : la détention des enfants acquittés, ou même condamnés, ne devant pas être autre chose que le moyen de leur donner un asile, des aliments, la surveillance et par-dessus tout l'éducation ; les mesures pénales du Code devant être considérées, non plus comme des peines, mais comme des moyens de discipline et de préservation, dont l'emploi peut être réglé par l'Administration. Les projets de loi, préparés durant cette période, suivaient de loin cet élan. Le premier fut voté, en 1843, par la Chambre des députés, sous l'inspiration de M. de Tocqueville ; il nous est resté du second un remarquable Rapport du Président Bérenger (de la Drôme). Ce travail législatif, interrompu un moment par la révolution de février, fut bientôt repris et aboutit à la loi du 5 août 1850, dont l'honorable M. Corne fut le Rapporteur.

Cette loi résumait les efforts de la période précédente et répondait exactement aux aspirations, aux illusions même du moment où elle fut votée. Elle a eu de chaleureux apologistes et plus tard des détracteurs. On a dit souvent qu'elle brille surtout par les bonnes intentions. Il est juste de reconnaître que quoique l'expérience y ait mis à nu bien des lacunes et des imperfections, elle est restée digne, par le bien qu'elle a fait, du titre qu'elle porte de « loi d'Éducation et de Patronage ». Le législateur se proposait :

1° D'assurer aux jeunes détenus une éducation morale, religieuse et professionnelle dans des établissements spéciaux ;

2° D'appliquer les jeunes détenus aux travaux agricoles, considérés comme les plus favorables à leur régénération morale et aux intérêts généraux du pays ;

3° D'assurer, par l'action du Patronage, la durée des bons effets de l'Éducation correctionnelle.

Si les résultats n'ont pas répondu à cet but élevé du législateur, il ne faut pas oublier que les conditions matérielles de l'emprisonnement ont continué à opposer des obstacles presque insurmontables. Au lendemain de nos désastres, une grande enquête parlementaire, à laquelle nous devons la loi du 5 juin 1875 et à laquelle remonte aussi la création du Conseil supérieur des Prisons et l'origine même de la Société générale des Prisons, fut provoquée par un des plus jeunes membres de l'Assemblée nationale, M. d'Haussonville. Dans l'exposé des motifs de sa Proposition, déposée le 11 décembre 1871, il était constaté : que tandis que le nombre des condamnations prononcées, en 1867, contre des mineurs de seize ans, s'était élevé à 3,381, le nombre des entrées en Éducation correctionnelle ne s'élevait qu'à 2,085. « *Ainsi une chose est certaine*, disait M. d'Haussonville : *un nombre plus ou moins grand de jeunes détenus subit la peine en commun avec les condamnés adultes ; en cela la loi est violée et les intérêts les plus graves de la morale sont compromis.* »

Dans le premier discours prononcé devant la Société générale des Prisons le 25 août 1877, l'honorable M. Charles Lucas faisait justice du reproche fait à la loi de 1850 de n'avoir pas eu d'effet sur la proportion des récidives. Il opposait au chiffre de 60 0/0 admis, antérieurement à cette loi, par le Président Bérenger (de la Drôme), les chiffres officiels relevés à partir de 1852, qui oscillent en ce moment entre 9 et 11 0/0 et n'ont pas atteint 16 0/0. M. Charles Lucas déclarait avec raison cette proportion « très-satisfaisante ». Il convient de noter toutefois que les comptes rendus de la justice criminelle ne relevant les récidives que pendant les deux premières années qui suivent la libération, leur nombre réel doit être supérieur à celui que donnent les statistiques.

On a dit, avec plus de vérité, que l'effectif des jeunes détenus a considérablement grossi sous l'influence de la loi de 1850. Les conditions meilleures de la détention ont dû favoriser la disposition de parents misérables à s'exonérer de la charge de leurs enfants; elles ont augmenté, de même, la disposition des juges à ordonner l'envoi en correction dans une Colonie pénitentiaire, d'enfants qu'autrefois ils n'auraient pas voulu jeter dans le milieu corrupteur des prisons départementales.

L'étude la plus approfondie des imperfections de la loi de 1850 se trouve dans les documents de la grande Enquête parmentaire de 1872 et elle a été résumée avec beaucoup de soin et de talent, d'abord par M. d'Haussonville, dans le Rapport général qui forme le sixième volume des publications de l'Enquête, ensuite par M. Félix Voisin dans le Rapport qui en forme le huitième volume et sert d'exposé de motifs au nouveau projet de loi présenté par la Commission d'enquête et dont la dissolution de l'Assemblée nationale n'a pas permis la discussion.

Une analyse même sommaire de ces importants documents ne saurait entrer dans le cadre de ce travail. Nous invoquerons seulement, sur quelques points principaux, les témoignages les plus autorisés recueillis dans l'Enquête. Dans un rapport, lu au nom du Conseil des inspecteurs généraux des prisons, le 19 décembre 1873, l'état défectueux de l'instruction des jeunes détenus, l'insuffisance du patronage sont formellement avoués. « *Dans la plupart des colonies publiques ou privées,* disait M. de Joinville (affirmant qu'il ne serait démenti par aucun de ses collègues), *le plus grand nombre des jeunes détenus libérables ne possèdent que d'une façon très-imparfaite les éléments les plus essentiels de l'instruction primaire, et leur enseignement professionnel, loin d'être complet, comme le prescrit le Règlement de 1869, ne porte que sur une branche d'un métier ou se réduit trop souvent à quelques notions vagues et insuffisantes.* » On sait que l'insuffisance du patronage avait paru à l'Assemblée nationale un des arguments sérieux en faveur de l'enquête.

On a beaucoup reproché au législateur de 1850 la réunion dans le même établissement et sous le même régime (art. 3 et 4 de la loi) des mineurs de seize ans, acquittés en vertu de l'article 66 du Code pénal comme ayant agi sans discernement, mais non remis à leurs parents, et des mineurs condamnés, en vertu de l'article 67, comme ayant agi avec dis-

cernement et soumis à un emprisonnement de six mois au
moins et deux ans au plus. « *Ou bien*, disait à ce sujet M. de Joinville, *la décision du juge qui condamne un enfant comme ayant
agi avec discernement n'a pas de portée ou cette condamnation
doit être entendue en ce sens que l'enfant qui en est l'objet doit
non-seulement être élevé comme celui qui a été acquitté, mais de
plus subir une peine répressive.* » On a fait la remarque que
sous ce régime de la loi de 1850, les mineurs acquittés de
l'article 66, sont fondés souvent à envier le sort des condamnés
de l'article 67, qui sont rendus à la liberté après une moindre
durée du même régime de détention. Ce n'est, il est vrai, qu'un
triste avantage pour ces derniers, puisqu'ils perdent ainsi le bénéfice de l'éducation correctionnelle. Ce n'est pas moins par une
sorte d'inconséquence de la loi que, de deux enfants inégalement
coupables, le plus coupable, qui a le plus grand besoin de
réforme, est précisément celui auquel on laisse moins de temps
pour se réformer. Il est donc regrettable que le juge qui peut
détenir, pour être élevé jusqu'à vingt ans au besoin, un mineur
acquitté, n'ait pas la même faculté à l'égard d'un mineur qu'il
a trouvé digne de condamnation.

A un point de vue plus général, on est fondé à reprocher à
l'Éducation correctionnelle en France un sérieux défaut : sa trop
courte durée. Beaucoup de jeunes détenus ne la reçoivent que
pendant un an ; un certain nombre ne la reçoivent pas plus de
six mois. Aucune discipline moralisatrice n'a le temps d'extirper
les mauvaises habitudes ; aucune instruction primaire ou professionnelle n'a le temps de porter des fruits dans d'aussi courtes
durées. C'est pourquoi le Conseil des inspecteurs généraux des
prisons insistait auprès de la Commission d'enquête sur la nécessité de faire droit à la demande souvent produite en vue d'obtenir
que la détention des enfants confiés aux établissements pénitentiaires soit maintenue jusqu'à l'âge de vingt ans accomplis. Nous
verrons bientôt que la Commission, avec plus de raison, en a
proposé le maintien jusqu'à la majorité.

On a justement reproché encore au régime de la loi de 1850
les inconvénients de la juxtaposition qu'il permet, dans un même
établissement, des détenus de plus de douze ans, déjà adolescents,
avec les enfants de moins de douze ans, qui forment un cinquième
environ du nombre total des jeunes détenus. On réclame instam-
ment, pour cette catégorie d'enfants, des établissements ayant

une organisation et un régime particuliers. L'éducation correctionnelle peut-elle être autre chose au fond, pour d'aussi jeunes
délinquants, que la forme donnée par le juge à la protection
légale, et l'intérêt social lui-même peut-il réclamer autre chose,
dans ces cas, que des mesures de préservation ? Nous aurons à
revenir sur cette importante question et nous verrons à quel
point l'expérience, déjà acquise dans les pays les plus avancés,
vient à l'appui d'une conclusion tendant à exempter de toute
répression pénale cette première enfance dont le développement
moral ne comporte pas encore la responsabilité.

Le législateur de 1850 avait obéi à une illusion, chère alors à
beaucoup d'esprits, en donnant aux Colonies pénitentiaires de
garçons, le caractère exclusivement agricole. L'expérience en a
fait justice et a démontré que dans l'organisation de l'instruction
professionnelle à donner aux jeunes détenus il faut tenir grand
compte de leur origine et de leurs antécédents ; qu'en fait et en
dépit des prescriptions actuelles, en vertu desquelles la généralité
de ces détenus est formée aux seuls travaux de l'agriculture, on
voit ceux qui proviennent des grandes villes y retourner presque
tous à leur libération, en sorte qu'ils se trouvent sans un métier
pouvant leur servir à vivre et avec un métier ne leur servant à
rien. Ce point exige d'autant plus d'attention que la population
des Colonies pénitentiaires provient pour une plus forte proportion des grandes villes.

Nous n'avons pas à insister davantage sur la critique des résultats de la législation de 1850. On la trouve d'ailleurs résumée dans
les arguments présentés avec force par M. F. Voisin à l'appui des
modifications proposées par la Commission d'enquête dont il était
le rapporteur.

Le lien étroit qui existe entre la loi du 5 août 1850 et les
articles 66, 67 et 69 du Code pénal devait amener tout d'abord
cette Commission à proposer la révision de ces articles. Ce travail
a donné lieu à un premier Projet de loi.

Dans l'article 66, la Commission a voulu en premier lieu mettre
les termes de la loi en accord avec la réalité des choses. La loi pénale de 1791 n'ayant en vue que la justice des cours d'assises, n'a
mentionné que les mineurs de seize ans *accusés*. Le code de
1810 avait omis d'ajouter les mineurs *prévenus* devant les tribunaux correctionnels. Le projet de la Commission d'enquête
répare cette omission.

La Commission, voulant rendre obligatoire la séparation des mineurs *acquittés* de l'article 66, et des mineurs *condamnés* de l'article 67, affecte à chaque catégorie un établissement particulier désigné d'un nom nouveau : à la place des mots *Maison de correction*, elle propose pour les mineurs acquittés, ceux de *Maison de réforme*, « *expression entrée*, dit M. Voisin, *dans la langue pénitentiaire de tous les peuples* ». C'est, en effet, la traduction admise de l'expression *Reformatory School* qui signifie un établissement ou école d'éducation correctionnelle, dont le type, emprunté à Mettray, a été fourni en Angleterre par les établissements renommés de *Red-Hill* pour les garçons et *Red-Lodge* pour les filles. La Commission d'enquête n'a pas été en mesure de mettre à profit les dernières leçons de l'expérience pénitentiaire, pour aller plus loin. Cette expérience a démontré, en effet, en Angleterre comme en Amérique, la supériorité, pour réformer l'enfance malheureuse plutôt que coupable, d'établissements, qui n'ont pas le caractère correctionnel des *Reformatory Schools* et ont un caractère purement préventif : ce sont les *Industrial Schools* (*Écoles industrielles*), dont l'étude a fait l'objet des intéressantes recherches de M. le pasteur Robin. Aussi ce dernier ne pouvait-il accepter comme suffisante la rédaction proposée dans le rapport de M. Voisin pour modifier l'article 66 : « *Ce Projet*, dit-il, *confondant toutes les catégories d'enfants acquittés ne laisse aux tribunaux que la même alternative ou de soumettre tous ces enfants au même régime ou de les rendre à leur famille. Avec cette loi nous aurons perfectionné l'éducation correctionnelle, mais nous n'aurons pas l'éducation préventive ; elle ignore l'École industrielle et son principe de préservation.* » M. Robin a demandé en conséquence que dans la loi à intervenir on ajoute à l'alternative laissée au juge de rendre l'enfant à ses parents ou de l'envoyer dans une *maison de réforme*, la faculté de le remettre directement à une *société de patronage*. Ne serait-il pas préférable encore, pour donner au juge la pleine liberté d'adapter sa décision aux exigences si variées des cas particuliers, de lui donner la faculté de choisir, d'une part, entre la famille et une société de patronage, d'autre part, entre la *maison de réforme*, ou établissement correctionnel et tout autre *établissement d'éducation préventive dûment autorisé* réalisant l'idée des *écoles industrielles* ?

Le projet de la Commission d'enquête a proposé une troisième modification au texte de l'article 66 du Code pénal : elle est relative à la limite d'âge au delà de laquelle la détention ne peut pas être maintenue et qui, dans la législation actuelle, est fixée à la vingtième année. La Commission d'enquête a jugé bon de reculer cette limite jusqu'à la vingt et unième année accomplie. M. F. Voisin s'exprime ainsi sur cette question : « *Les magistrats ont constaté, maintes fois, l'insuffisance de cette disposition, non pas à l'égard de tous les jeunes détenus, mais à l'égard de ceux qui ont le malheur d'appartenir à des familles sans moralité et ont besoin d'être protégés contre les mauvais exemples ou les funestes conseils de leurs parents. Confiés, dès leur jeune âge, à des établissements où des efforts ont été faits pour qu'ils reçussent une bonne éducation, il importe qu'ils ne retombent pas, au moment de leur libération, sous la puissance de parents capables de leur faire perdre en quelques instants le bénéfice de plusieurs années d'impressions salutaires. Or, les dispositions de l'article 66 ne permettent pas de prendre des mesures suffisantes contre une pareille éventualité. Qu'arrive-t-il, en effet?... Les jeunes détenus sortent au plus tard à vingt ans accomplis, par conséquent en état de minorité et restent soumis de vingt à vingt et un ans à l'autorité, funeste peut-être, de leur père ou de leur mère. Pour les jeunes filles surtout, cette situation est parfois véritablement navrante et les lois restent trop souvent impuissantes devant les infamies qui se commettent... Que les tribunaux aient le droit de faire élever les jeunes détenus, jusqu'à vingt et un ans accomplis, jusqu'à l'époque de leur majorité, et les odieuses spéculations dont les enfants sont les victimes ne pourront plus si facilement se renouveler.* »

« *Il pourra arriver que l'époque à laquelle les jeunes détenus garçons seront appelés sous les drapeaux soit antérieure à celle où ils auront vingt et un ans accomplis... Quand de pareilles circonstances se présenteront, ni l'intérêt de l'enfant, ni l'intérêt de la société ne demanderont que la durée de l'éducation correctionnelle dépasse l'appel sous les drapeaux.* » En conséquence, la Commission a proposé, pour ces jeunes détenus, une disposition additionnelle, en vertu de laquelle l'appel sous les drapeaux mettait fin à la détention avant l'âge de vingt et un ans accomplis.

Pour l'article 67 du Code pénal, la Commission d'enquête parlementaire propose de remplacer l'expression : *Maison de correction*, par celle de *Maison correctionnelle*. « *Les Maisons de correc-*

tion, dit **M. F.** Voisin, *sont, aux termes de l'article 40 du Code pénal, celles dans lesquelles doivent se subir les peines d'emprisonnement ordinaire. Il y a donc un intérêt, au point de vue de la terminologie, à placer les mineurs de seize ans dans un établissement se distinguant non-seulement par le régime, mais aussi par le nom.* »

La Commission s'est préoccupée ensuite des inconvénients si sérieux de la trop courte durée de l'éducation correctionnelle pour les mineurs condamnés en vertu de l'article 67. Elle a proposé, en vue d'y porter remède, d'ajouter à cet article un paragraphe additionnel, en vertu duquel la faculté sera donnée au juge de décider qu'à l'expiration de sa peine, le mineur sera maintenu, *pour y être élevé jusqu'à vingt et un ans accomplis,* dans un quartier spécial de la Maison correctionnelle, appelé *Quartier d'éducation correctionnelle.*

La même disposition additionnelle est proposée par la Commission d'enquête pour l'article 69, relatif aux mineurs de seize ans condamnés pour un délit. Les peines applicables aux délits étant de moins longue durée encore qu'en matière de crimes, la faculté pour le juge d'assurer l'éducation n'est pas moins indispensable.

Le second Projet de loi préparé par la Commission d'enquête parlementaire était destiné à devenir la nouvelle *Loi sur l'éducation et le patronage des jeunes détenus.*

Ce projet est une œuvre considérable, bien ordonnée dans ses détails, neuve dans plusieurs de ses parties. Si la Société générale des Prisons partage notre conviction que l'heure est venue d'un effort vigoureux pour améliorer le sort de l'enfance malheureuse, coupable parce qu'elle est délaissée, portée au mal parce qu'elle est maltraitée; si elle veut passer en revue les questions mûres pour une solution législative, elle aura un cadre et un terrain de discussion bien préparés dans le texte des articles proposés par la Commission d'enquête pour remplacer la législation de 1850. Un rapide coup d'œil sur les principales dispositions du Projet permettra d'apprécier les améliorations notables qui résulteraient de son adoption et aussi d'indiquer quelques lacunes de la loi que ce Projet ne comble pas.

Par l'article 1er, les mineurs de seize ans des deux sexes, inculpés d'un crime ou d'un délit, sont, pendant tout le temps de leur *détention préventive,* placés, soit dans des Maisons d'arrêt et de justice et dans un *quartier distinct* de ces Maisons, soit dans des Maisons de réforme. Ces prescriptions sont sans doute suffisantes pour assurer au mineur le bienfait de l'isolement dès qu'il a pu être l'objet d'un mandat d'arrêt; mais, dans le Violon d'abord, ensuite au Dépôt, ne subira-t-il pas encore cette contamination qui corrompt par avance les meilleurs fruits de l'éducation? Il y a là un point que la Commission parlementaire semble avoir négligé, bien qu'il ait une extrême importance et que les séances de la Commission des 20 et 23 janvier 1875 aient été remplies par la lecture du rapport si bien étudié de M. Bournat *sur les Postes de police et les Violons, la Permanence et le Dépôt, la Souricière et le Dépôt du petit parquet.* La Société générale des Prisons décidera s'il ne lui appartient pas de demander que cette fâcheuse lacune soit comblée; s'il ne doit pas être prescrit, par le premier article d'une nouvelle loi : que le mineur de seize ans recueilli ou mis en arrestation par mesure de police, ne pourra être détenu au poste de police ou au dépôt central de la police, avant comme après l'instruction, que si ces lieux de *Réception* et de *Détention* sont convenablement disposés pour la détention individuelle. L'application de cette prescription, si urgente mettra enfin notre pays au niveau déjà atteint à l'étranger, par la création de dépôts spéciaux pour les mineurs, dépôts connus en Amérique sous le nom de *Maisons de Réception.*

L'article 2 du Projet règle le sort des mineurs de seize ans, après le jugement intervenu. Il fait cesser la confusion entre les *acquittés* de l'article 66 et les *condamnés* des articles 67 et 69. Pour ceux-ci toutefois, lorsque la peine n'est que de six mois ou au-dessous, l'Administration a la faculté de la faire subir dans une Maison d'arrêt ou de réforme. Un dernier paragraphe assure aux mineurs condamnés l'Éducation correctionnelle, en décidant qu'ils seront, s'il y a lieu, conduits, à l'expiration de leur peine, dans un *quartier d'éducation correctionnelle.*

L'article 3 emprunte à la loi de 1850 le principe de l'incarcération dans les *Maisons d'arrêt* des mineurs détenus par voie de correction paternelle; mais il admet des exceptions et ouvre pour les parents la faculté de désigner pour leurs enfants, sur l'avis conforme du procureur de la république, une *maison de réforme* ou une *maison correctionnelle.*

Le régime pénitentiaire de 1850 reposait sur les *Colonies privées*, les *Colonies publiques*, établissements de l'État, ne devant y jouer qu'un rôle supplémentaire très-restreint. La Commission d'enquête tenant compte de l'expérience, a substitué (art. 4 du Projet) aux articles 5, 6 et 20 de la loi, le principe de la coexistence des établissements publics et privés.

La Commission corrige ensuite (art. 5) les prescriptions trop exclusives de la loi de 1850, en faveur du travail agricole et de l'éducation en commun. Son projet porte : que les jeunes détenus sont, selon leur origine, leurs antécédents, leurs aptitudes, appliqués à un apprentissage industriel, agricole ou maritime ; qu'ils peuvent être élevés, soit en commun, soit sous le régime de la séparation individuelle. Pour ce dernier régime, il interdit une durée de plus de six mois et ne permet qu'exceptionnellement la durée d'une année.

La Commission s'est efforcée de donner aux *Commissions de surveillance* une consistance et une autorité qui leur ont fait défaut jusqu'ici : elle leur donne d'abord (art. 7) une composition différente ; elle leur fixe (art. 23) des attributions mieux réglées ; elle facilite leur fonctionnement régulier (art. 8) par la création d'une *Commission de permanence* de trois membres résidant à proximité de l'établissement pénitentiaire.

La question de la *libération provisoire*, qui a passé du terrain de la pratique administrative dans celui de la loi, a justement préoccupé la Commission parlementaire. Une des meilleures inspirations de la Circulaire célèbre de 1832 avait donné à l'Administration la faculté de soustraire à la détention, lorsqu'elle le jugerait bon, les mineurs *acquittés* de l'article 66. « *Ces enfants,* disait M. d'Argout, *seront dispersés de manière que les mauvais penchants des uns ne se transmettent pas aux autres ; l'éducation de la famille sera meilleure, sous tous les rapports, que celle de la maison de correction... Les élèves dont la conduite aura été satisfaisante trouveront dans leurs parents adoptifs des guides et des appuis.* » En 1840, une circulaire de M. Duchâtel chercha à développer encore cette idée en réglementant sa mise en pratique. La loi de 1850 consacra enfin le principe et en étendit l'application aux mineurs condamnés des articles 67 et 69. Mais il entre dans le plan de cette loi que les jeunes détenus soient soumis d'abord à la discipline d'une colonie pénitentiaire, en sorte que la libération provisoire n'est encore aujourd'hui qu'une faveur que le jeune détenu doit préalablement obtenir par sa bonne conduite. La Commission parlementaire a voulu faire plus :

elle a inscrit dans son projet la faculté de mettre les enfants en liberté provisoire, soit pendant le cours de leur détention, « *soit avant leur entrée dans les maisons de réforme* ». « *Ils sont alors*, porte l'article 11 du projet, *placés en apprentissage chez des particuliers; ils peuvent aussi être confiés soit à une société de patronage, soit à leurs parents.* » Cette disposition nous paraît satisfaire, dans une large mesure, aux justes réclamations de M. le pasteur Robin.

Par les dispositions des articles 12, 13, 14 et 15 du Projet, la Commission parlementaire a visé les abus de la puissance paternelle qui ont toujours constitué l'un des plus graves inconvénients de la libération provisoire et l'un des principaux obstacles à son développement. Nous écartons en ce moment cette question délicate qui touche par tant de points notre sujet et ne peut pas être traitée incidemment.

Cette esquisse sommaire permet de reconnaître que les principales réformes proposées par la Commission d'enquête parlementaire sont bien celles que devait suggérer une expérience de plus de vingt-cinq années du régime établi par la loi du 5 août 1850. Aussi M. Félix Voisin, à la fin de son Rapport, disait-il avec raison que « *ces questions exigeaient des solutions promptes* », et il était fondé à exprimer l'espoir qu'elles allaient être tranchées dans le plus bref délai par l'Assemblée nationale. Quatre années se sont écoulées cependant et la condition des jeunes détenus reste telle que la font connaître les documents de l'Enquête. La Société générale des Prisons pouvait-elle ne pas s'émouvoir de ces retards beaucoup trop prolongés? Son honorable Secrétaire général, M. F. Desportes, a témoigné, dans un récent Bulletin de la Société, l'espoir que le gouvernement n'a pas abandonné les projets de la Commission d'enquête. Il en donne en preuve le renvoi de ces Projets à l'examen du Conseil supérieur des Prisons, dès sa première session, au mois de juillet 1876. Il constate que le Conseil s'est livré à une discussion approfondie dont le résultat a été l'approbation des Projets avec des modifications légères. Il est obligé finalement de reconnaître que, depuis l'examen demandé par lui et malgré les instances du Conseil supérieur, le gouvernement s'abstient encore de présenter les projets aux Chambres.

Telle est la situation à l'heure où nous sommes (5 février 1879), au début d'une session parlementaire pour laquelle le gouver-

nement semble avoir un programme déjà bien chargé et de
laquelle le pays, lassé de politique et avide de repos ou, pour
mieux dire, d'activité réglée et féconde, attend avec impatience
le retour aux questions d'utilité publique négligées ou ajournées
au détriment de nos plus grands intérêts moraux et économiques.
M. Fernand Desportes, après avoir regretté l'inaction présente,
demande s'il serait possible que le gouvernement tardât encore,
au moment où il proclame lui-même l'urgence de la réforme
pénitentiaire? Pour nous, nous nous permettons de penser que
la Société générale des Prisons ne doit s'arrêter à ce point d'in-
terrogation que pendant le temps dont elle a besoin pour examiner soigneusement, à son tour, les questions qui viennent d'être
sommairement indiquées : d'abord celles qui ont trait aux réformes
du régime actuel des jeunes détenus ; ensuite, les questions
soulevées par M. le pasteur Robin devant la Société et qui
ont trait aux moyens préventifs de la prison correctionnelle et à
la création d'établissements d'éducation préventive. Après cet
examen achevé, si l'initiative gouvernementale fait défaut, la voie
de l'initiative parlementaire reste ouverte et notre devoir com-
mandera d'y entrer.

Après avoir présenté à la Société générale des Prisons, au nom
de la Section d'éducation correctionnelle, les considérations qui
précèdent, nous nous sommes crus fondés à conclure :

Qu'il y a lieu de demander au Parlement actuel la reprise des
Projets de loi sur l'éducation et le patronage des jeunes détenus
élaborés au sein de la Commission d'enquête parlementaire insti-
tuée en 1872, et qu'il y a lieu, subsidiairement, d'apporter à ces
Projets des modifications nécessaires pour faire disparaître certaines lacunes et imperfections que l'expérience révèle encore
dans la loi du 5 août 1850.

Une discussion s'est ouverte, à la suite de notre rapport, au
sein de la Société générale des prisons. M. Charles Lucas est
intervenu le premier, dans la séance du 5 mars. Prenant
pour base les principes bien connus de son programme, anté-
rieur à la loi de 1850, il a examiné les divers points sur
lesquels doit porter aujourd'hui la révision de cette loi. Voici
ses conclusions principales, abstraction faite de celles qui con-
cernent la nature et le régime des établissements spéciaux aux
jeunes détenus :

1° Création obligatoire pour l'État, d'établissements publics, spécialement consacrés aux mineurs âgés de plus de douze et de moins de seize ans, auteurs de délits et de crimes, sous le titre de *Maisons* ou *Colonies correctionnelles* pour ceux condamnés comme ayant agi avec discernement et sous celui de *Maisons* ou *Colonies de réforme* pour ceux ayant agi sans discernement.

2° Faculté pour l'État d'accorder à des associations ou à des particuliers l'autorisation de fonder des Maisons de réforme sous le titre d'établissements privés, placés sous sa surveillance et son inspection et pouvant recevoir les mineurs à élever et détenir en vertu de leur jugement d'acquittement, sauf toutefois ceux auteurs de crimes d'assassinat, d'empoisonnement, meurtre ou incendie, qui doivent être conduits à l'établissement public de la Maison de réforme.

3° Faire cesser, quant aux articles 67 et 69 du Code pénal, la situation présente, à la fois anormale et illégale : anormale, parce qu'à l'égard des enfants ayant agi avec discernement, le juge, auquel l'article 69 interdit la faculté de proportionner la durée de la condamnation aux exigences de l'action pénitentiaire, écarte souvent la circonstance du discernement, pour demander, dans l'intérêt de l'amendement de l'enfant, à l'article 66, la latitude que lui refuse l'article 69 ; illégale, parce que les enfants condamnés et acquittés comme ayant agi avec ou sans discernement sont confondus dans les établissements publics et privés ; et pour atteindre ce double résultat modifier ainsi qu'il suit la rédaction des articles 67 et 69 du Code pénal :

Art. 67. — *Si le mineur âgé de moins de seize ans, ayant agi avec discernement, a encouru la peine de mort, des travaux forcés à perpétuité ou de la déportation, il sera condamné à la peine de dix à vingt ans d'emprisonnement dans une maison correctionnelle pour y être enfermé jusqu'à sa vingtième année, à l'expiration de laquelle il sera transféré dans une maison centrale de correction pour y subir le restant de sa peine.*

S'il a encouru la peine des travaux forcés à temps, de la détention ou de la réclusion, il sera condamné à être enfermé dans une maison correctionnelle pour quatre ans au moins et huit ans au plus, et, dans le cas où, à la vingtième année, il n'aurait pas achevé sa peine, il sera transféré dans une maison centrale de correction pour le restant à subir.

Art. 69. — *Dans tous les cas où le mineur au-dessous de*

seize ans n'aura commis qu'un délit, la durée de la peine, qui ne pourra être de moins d'un an et de plus de quatre années, sera déterminée par le juge, d'après la nature du délit et l'appréciation du temps nécessaire à l'éducation répressive et pénitentiaire du jeune délinquant.

4° Prescription de ne pas admettre pour les mineurs au-dessous de seize ans l'application de l'emprisonnement à moins d'un an, lequel est purement répressif, puisqu'il ne repose que sur le principe d'intimidation et n'est applicable qu'aux adultes, tandis que, pour l'enfant, l'emprisonnement doit avoir le minimum de durée nécessaire pour combiner l'amendement avec l'intimidation.

Telles seraient, d'après le Doyen vénéré de la science pénitentiaire en France, les principales lacunes à combler dans notre législation. La discussion s'est continuée dans les séances du 2 avril et du 7 mai. M. le pasteur Arboux, après avoir insisté, en se fondant sur son expérience d'aumônier, sur l'urgente nécessité de séparer complétement les diverses catégories de jeunes détenus, a soutenu que la création des Maisons de réforme serait insuffisante pour atteindre ce but; il demande, en conséquence, avec M. Robin, l'*École industrielle* à côté de la Maison de réforme, comme indispensable élément d'un bon classement des enfants traduits en justice pour cause de vagabondage, de mendicité ou d'autres délits.

M. le Dʳ Mottet est intervenu ensuite pour mettre en évidence les fâcheux résultats de la méthode suivie jusqu'à ce jour dans l'application de la loi de 1850. Après une remarquable étude médico-psychologique des groupes de population si différents entre eux des Maisons d'éducation correctionnelle, c'est-à-dire des Colonies agricoles consacrées aux jeunes détenus, il a cherché à montrer tout le parti qu'on n'a pas encore su tirer, pour une réforme sérieuse et qu'on pourrait tirer sans peine, de la *Maison correctionnelle* de Paris (la Petite Roquette) dont le service médical lui est confié. Il demande d'abord, pour Paris, que tout enfant arrêté pour un délit ou un crime, au lieu d'être enfermé au violon ou au dépôt de la Préfecture de police, soit placé immédiatement en cellule, dans une division de la Petite Roquette qui pourrait être affectée à cet important service. L'instruction terminée, le mandat de dépôt décerné, l'enfant rentrerait dans les conditions ordinaires; il attendrait là que le tribunal ait prononcé. S'il est acquitté, comme ayant agi sans discernement, mais maintenu pendant un temps déterminé dans une maison d'éducation correctionnelle, M. Mottet demande qu'il soit interné d'abord et soumis au régime cellulaire, pour une durée variable assez longue pour permettre d'adoucir ce régime si l'étude faite de son caractère, de ses antécédents, de ses aptitudes, permet d'entrevoir une amélioration durable; après ce premier temps d'épreuves, le jeune détenu passerait sous le régime en commun, d'après le système Auburnien, c'est-à-dire avec l'atelier et la classe, par petits groupes pendant le jour et le retour en cellule la nuit. Selon M. Mottet, on obtiendrait sûrement, grâce à cette méthode, des résultats qu'on a vainement demandés aux Colonies agricoles. Cette méthode, au reste, n'exclut pas, selon lui, les Colonies agricoles et elle peut au contraire se combiner heureusement avec les autres établissements appropriés aux jeunes détenus, Écoles de réforme ou Écoles industrielles, dont on demande la création. « *Je propose,* dit M. Mottet, *de substituer un choix à une mesure générale que les meilleurs esprits condamnent. Je propose de faire ce choix, cette sélection dans un établissement de l'État. Que cette maison* (la petite Roquette) *soit un centre duquel partent et rayonnent toutes les institutions de bienfaisance que l'État pourra soutenir, encourager. Qu'on vienne prendre là tous ceux qui, dignes de pitié, amendés, perfectibles trouveront au dehors une captivité moins sévère ou la liberté provisoire; que ce soit aussi le lieu de retour de ceux qui, par leur conduite mauvaise, par leur indiscipline, auront mérité un châtiment.* »

M. Mottet pense avec raison que les Écoles de réforme et les Écoles industrielles pourraient tirer grand avantage d'une organisation de ce genre. Ce système, toutefois, présente un défaut : il ne peut s'appliquer qu'aux vrais délinquants ou criminels pour lesquels il faut recourir à l'éducation correctionnelle. M. Mottet reconnaît lui-même qu'on doit écarter ceux qu'il appelle des *délinquants d'aventure* et dont on n'a pas, dit-il, à s'occuper. N'est-ce pas là cependant cette nombreuse et intéressante catégorie d'enfants malheureux, plus malheureux que coupables, pour lesquels, à défaut des ressources du régime pénitentiaire, nous aurons à demander à l'Assistance publique, mieux constituée, des moyens de préservation et de protection suffisants?

Comme nous n'avons pas abordé dans ce travail les questions d'ordre purement administratif, nous laisserons de côté les dis

cussions auxquelles ont pris part, avec M. Charles Lucas et
M. le juge d'instruction Bonjean, MM. les docteurs Lunier et
Marjolin, notamment sur les avantages et les inconvénients des
grandes et des petites Colonies pénitentiaires, sur le mérite
relatif des établissements publics et des établissements privés ;
sur le rôle que le défrichement, le maraîchage ou le système
de la ferme peuvent jouer dans l'organisation du travail imposé
aux jeunes détenus ; mais la compétence exceptionnelle que
donnent à M. Bonjean son expérience de magistrat et l'œuvre
particulière d'éducation, à laquelle il consacre des efforts si
méritoires, nous oblige à citer textuellement ses opinions sur
la condition, générale, suivant lui, des enfants auxquels s'applique
notre régime d'éducation correctionnelle, et dont un si grand
nombre devrait, en bonne justice, être réservé pour les institutions préventives et d'assistance publique.

« *Je mets en fait*, dit M. Bonjean, *que l'enfant renvoyé en
correction n'a pas, en général, la responsabilité de ses actes. Je
mets en fait que, par une étrange fatalité, c'est la faute des
parents que l'on punit chez l'enfant.*

» *Je pourrais faire appel au témoignage de tous ceux qui,
de près ou de loin, participent à l'administration de la justice
criminelle. Je pourrais démontrer qu'à moins de faits excep-
tionnels l'enfant, même coupable, est toujours rendu à ses parents, si ceux-ci le réclament et présentent quelques garanties de
moralité.*

» *C'est pourquoi nous devons savoir que le renvoi en correction ne prouve pas que l'enfant frappé de cette mesure soit plus
perverti que l'enfant rendu à ses parents.*

» *Voilà la grande iniquité de notre pratique actuelle. C'est
que par suite de l'organisation des colonies pénitentiaires, l'acquittement prononcé, en vertu de l'article 66, mais suivi de
renvoi en correction, constitue une pénalité rigoureuse qui atteint
ceux-là mêmes près desquels les rédacteurs de l'article 66 vou-
laient que la société se substituât à des parents absents ou indignes... On est fatalement conduit à penser que l'enfant non
rendu à ses parents est d'une perversité particulière.* »

M. Bonjean cite ensuite, comme exemples frappants de cette
erreur, les trente dossiers du premier effectif de la petite Colonie
confiée à sa sollicitude et, après les douloureuses réflexions que
cette énumération lui suggère, il insiste encore sur ce fait, qu'on ne

considère jamais dans le renvoi en correction, la responsabilité plus ou moins grande, mais uniquement cette question : les parents méritent-ils que l'enfant leur soit restitué? « *Pratiquement*, ajoute-t-il, *on a raison d'agir ainsi; car cet enfant vraiment innocent en saine équité, il faut bien, s'il est abandonné, lui donner du pain, des vêtements, un toit pour abriter sa tête; il faut épargner au magistrat la torture morale qu'il éprouve en présence de cette alternative : restitution de l'enfant à de mauvais parents ou le renvoi en correction, alors que ce renvoi en correction couvre une véritable répression, à coup sûr imméritée.* »

Nous avions le devoir de rapporter ce passage parce qu'il démontre clairement, combien la révision de notre législation de 1850, malgré les bienfaits qu'on en doit attendre, sera encore insuffisante pour assurer et organiser la protection qui est due aux enfants malheureux et abandonnés.

M. le conseiller Houyvet est venu, dans la séance du 7 mai, apporter une utile contribution aux projets de réforme remis en discussion devant la Société générale des prisons. Il s'est occupé d'abord de la modification à l'article 271 du Code pénal, proposée par la Commission d'enquête parlementaire de 1872.

Cet article est ainsi conçu : « *Les vagabonds ou gens sans aveu, qui auront été légalement déclarés tels, seront par ce seul fait punis de trois à six mois d'emprisonnement; ils seront renvoyés après avoir subi leur peine sous la surveillance de la haute police pendant cinq ans au moins et dix ans au plus.* »

La Commission d'enquête proposait d'ajouter : « *Néanmoins les vagabonds âgés de moins de seize ans ne pourront pas être renvoyés sous la surveillance de la haute police.* »

M. Houyvet a trouvé cette disposition insuffisante. « *On est fondé, dit-il, à se demander pourquoi, par exemple, le jeune vagabond sera exempté de la surveillance alors que le jeune mendiant qui, le plus souvent, est beaucoup moins coupable, y restera soumis. Dans aucun cas, le mineur de 16 ans ne devrait être soumis à la surveillance lorsqu'il n'a commis qu'un simple délit. La surveillance est une des plus graves pénalités de notre législation, c'est celle que les condamnés redoutent le plus. Souvent elle les met dans l'impossibilité de gagner leur vie. Elle est à mon avis le plus grand obstacle à l'amélioration du coupable et à son retour au* bien... *elle est d'ailleurs réservée aujourd'hui uniquement pour les malfaiteurs dangereux et incorrigibles.* »

En conséquence, M. Houyvet proposait de ne toucher en rien aux dispositions de l'article 271 du Code pénal; mais d'ajouter à l'article 44 du même Code qui traite de la surveillance en général une disposition ainsi conçue : « *En aucun cas les condamnés pour simple délit, âgés de moins de 16 ans à l'époque où le délit a été commis, ne pourra être renvoyés sous la surveillance de la haute police.* »

Abordant ensuite, d'un point de vue plus large, les modifications proposées par la Commission parlementaire aux articles 66, 67, et 69 du Code pénal, M. Houyvet trouve beaucoup trop rigoureuse la proposition de la Commission d'Enquête parlementaire de donner au juge la faculté de placer, à l'expiration de la peine, le mineur, qu'il a condamné comme ayant agi avec discernement, dans un quartier d'éducation correctionnelle où il pourra être maintenu jusqu'à l'accomplissement de sa vingt et unième année. « *On dira, observe-t-il, que cette détention n'est plus une peine, qu'il s'agit de l'intérêt du mineur. C'est au nom de cet intérêt que je demande de faire plus et de compenser l'aggravation proposée par une mesure d'humanité et de rigoureuse justice ; je voudrais que le mineur de 16 ans qui n'a commis qu'un délit fût toujours considéré de plein droit comme ayant agi sans discernement.* »

En conséquence, M. Houyvet proposait de modifier comme il suit l'article 67 du Code pénal : « *Dans tous les cas où le mineur de 16 ans n'aura commis qu'un simple délit, il sera considéré comme ayant agi sans discernement et il pourra être rendu à ses parents ou renvoyé dans une maison de correction conformément à l'article 66.* »

Dans les développements donnés à l'appui de sa proposition, M. Houyvet a démontré encore une fois par les faits, combien la distinction du discernement, qui a pour les mineurs des conséquences juridiques si graves, est établie le plus souvent sans base solide, d'une façon contraire à la réalité des choses et de manière à soumettre aux traitements les plus sévères ceux qui le méritent le moins. Cette distinction, suivant lui, exigerait une étude approfondie que le juge est le plus souvent hors d'état de faire, qu'en règle générale il ne fait pas et qui ne peut être sérieusement faite qu'après le jugement, lorsque les jeunes délinquants sont placés dans un établissement correctionnel. En infligeant à un mineur de 16 ans une condamnation judiciaire pour vagabondage, mendicité, vol et autres délits, on blesse également la vérité et la justice, on compromet son avenir de la manière la plus grave par une flétrissure qui ne s'efface plus et on oppose au libre développement de son activité un obstacle terrible qui se dressera toujours devant lui.

M. l'avocat général Lacointa a maintenu la rigueur des théories juridiques contre ces arguments suggérés par l'observation pratique. «*La constatation du discernement, dit-il, est une constatation de fait. Comment dès lors pourrait-elle émaner du législateur d'une manière invariable, absolue.... On ne saurait, ajoute-t-il, reprocher aux tribunaux d'abuser du droit de reconnaître le discernement : le nombre des mineurs* CONDAMNÉS, *au sens juridique de ce mot, n'atteint pas en effet le vingtième du nombre total des mineurs poursuivis.* »

M. Lacointa adressait une autre objection à la proposition de M. Houyvet. « *Les magistrats, dit-il, conserveraient le droit de reconnaître que les crimes commis par des mineurs de 16 ans, l'ont été avec discernement. Ce droit pourrait-il être, en même temps, retiré aux tribunaux relativement aux délits et maintenu quant aux crimes ?*

» *C'est la même étude, la même investigation, dans les deux cas. La gravité plus grande des crimes, loin de fournir un argument à l'appui de la distinction, est de nature à la faire repousser : un mineur de 15 ans, par exemple, qui soustrait, sans circonstance aggravante, l'objet qu'il convoite, paraîtra, en général, avoir compris toute la portée de son action plutôt peut-être que s'il était accusé d'un acte qui peut faire hésiter la justice entre les qualifications de coups et blessures volontaires, de meurtre, d'assassinat et rendre par suite très-difficile la détermination du discernement. Aussi me paraît-il qu'on ne pourrait concilier le maintien de la faculté dans un cas, avec refus dans l'autre.*

» *Des lois étrangères ou des propositions non encore votées, dans quelques pays, édictent en termes généraux, l'irresponsabilité au-dessous de l'âge de 9 ans, de 11 ans, de 12 ans au plus. On n'y trouve pas la distinction que nous examinons. Pour les mineurs au delà de cet âge le discernement peut toujours être reconnu ; la peine seule est modifiée, atténuée : elle s'élève par*

*degrés et ne devient entière que lorsque l'agent a atteint la majo-
rité, au regard de la loi pénale. »*

M. Houyvet a insisté sur sa demande, en soutenant qu'il
s'agissait, non d'une question de logique pure, mais d'une
question de fait, d'humanité, de justice. Son but est, non d'affai-
blir la correction, mais d'améliorer, de préserver le jeune
délinquant, de réaliser pour lui ce que M. d'Argout demandait,
il y a un demi siècle : que la détention cesse d'être considérée comme
une peine, pour devenir une mesure de réformation morale. « *On
peut*, dit-il, *ne pas parler de discernement et dire simplement que le
mineur de 16 ans qui n'aura commis qu'un délit, sera acquitté
et pourra être renvoyé dans une maison de correction jusqu'à sa
vingt et unième année. On peut employer toute autre rédaction,
pourvu qu'on arrive à ce résultat dont personne ne pourrai
contester l'immense importance pour le mineur : de supprimer la
peine proprement dite avec ses conséquences terribles pour l'avenir et d'épargner au mineur la nécessité d'une réhabilitation. »*

M. le D* Lunier a combattu la proposition de M. Houyvet
comme reposant sur une erreur de fait. L'expérience lui a
démontré que les enfants qui ne commettent que de simples
délits et notamment les petits voleurs, qui forment l'immense
majorité, ont en général plus de discernement que la plupart de
ceux qui se rendent coupables d'actes criminels. Ces derniers sont
aussi plus susceptibles d'être disciplinés et amendés que les pre-
miers. M. Lunier est d'avis en conséquence, que dans tous les
cas, en matière criminelle, comme en matière de délits, on doit
laisser aux magistrats le soin d'apprécier si l'enfant a agi avec ou
sans discernement. Il serait, suivant lui, d'autant plus dangereux
et moins rationnel d'inscrire dans la loi que l'enfant qui n'a commis qu'un simple délit a toujours agi sans discernement que c'est
parmi ceux-ci qu'on observe le plus grand nombre d'enfants in-
telligents et déjà foncièrement pervertis.

La conclusion, satisfaisante, à notre avis, de cet intéressant
débat a été apportée par M. Fernand Desportes et empruntée aux
précédents, déjà cités par M. Lacointa, que nous fournissent quelques pays étrangers. Voici dans quelle mesure la proposition de
M. Houyvet a paru au Secrétaire général de la Société des Prisons
et, après lui, à la section d'Éducation correctionnelle, devoir être
acceptée et signalée à l'attention du législateur : l'admettre pour
les *mineurs de 12 ans* et l'étendre, pour eux, aux faits qualifiés

crimes aussi bien qu'aux simples *délits*. M. Fernand Desportes ne croit pas possible de soutenir que l'enfant, avant sa douzième année accomplie, peut avoir la maturité, l'expérience, la volonté réfléchie qui constituent l'intention criminelle, élément essentiel de la culpabilité. Quelle que soit la précocité des enfants, on ne saurait les considérer, dans cette première enfance, comme ayant une liberté morale suffisante pour qu'ils soient responsables de leurs actes et il a fait remarquer que l'administration s'est guidée d'après cette vérité, lorsque, devançant dans la pratique, la réforme de la loi, elle a fondé des établissements spéciaux pour les enfants au-dessous de 12 ans, établissements qui sont des Écoles et non des Colonies pénitentiaires.

« *Mais*, dit M. F. Desportes, *au-dessus de cet âge, entre 12 et 16 ans, j'estime que le législateur a sainement apprécié la condition morale des adolescents en admettant qu'ils puissent faire le mal avec ou sans discernement... M. Houyvet*, ajoute-t-il, *désire voir cesser la contradiction qui existe entre les décisions des tribunaux. Ces contradictions sont très-réelles, et autant il faut louer la tendance du tribunal de la Seine à ne voir dans les jeunes délinquants que de pauvres enfants abandonnés qu'on doit élever et non flétrir, autant il faut regretter celle de certains autres tribunaux, des tribunaux du Nord, par exemple, qui, pour n'infliger à de jeunes délinquants qu'une peine légère, ne redoutent pas de les exposer au déshonneur et aux dangers d'un emprisonnement subi dans la promiscuité des maisons correctionnelles; mais ces contradictions cesseraient le jour où la loi préparée par la Commission d'enquête serait adoptée puisque cette loi ferait suivre l'exécution de la peine prononcée contre un mineur d'une période facultative d'éducation correctionnelle dont les tribunaux auraient à prononcer la durée.* »

Quant aux conséquences funestes de la peine prononcée contre un mineur qui se trouve à jamais flétri et entravé par le souvenir d'une faute de sa jeunesse, M. Fernand Desportes, reconnaissant combien étaient justes et humaines les observations de M. Houyvet, proposait, pour y faire droit, d'ajouter à la loi projetée une disposition portant « *que les peines correctionnelles prononcées contre les mineurs de 16 ans n'entraîneront jamais contre eux les conséquences accessoires qu'elles pourraient entraîner aux termes des lois et règlements existants, si elles étaient pronon-*

cées contre des adultes. Toutefois, ajoutait-il, *je n'étendrais pas cette disposition aux peines prononcées pour crimes.* »

M. Lacointa a trouvé l'occasion, dans ce dernier débat, de revenir sur une proposition qu'il avait déjà faite en 1876, de concert avec M. Choppin, Directeur du service pénitentiaire, au Conseil supérieur des prisons. Il avait fait remarquer que la comparution d'un mineur à l'audience publique exerce presque toujours sur ce mineur un effet démoralisant. En outre, alors même que la justice l'acquitte, le rend à sa famille, il reste flétri par le compte rendu de son procès. Quand le Ministère public estime que l'enfant a agi sans discernement, pourquoi l'audience ne serait-elle pas tenue à huis clos? « *L'action judiciaire,* dit M. Lacointa, *s'exerçant dans des conditions plus conformes aux ménagements que réclament l'âge, la situation du jeune prévenu, la curiosité publique ne viendrait pas troubler, altérer l'impression, à la fois douloureuse et salutaire que la poursuite et la sentence doivent provoquer en lui.* »

Cette précieuse réforme pouvait toutefois soulever certaines difficultés d'exécution. « *Qu'arriverait-il,* demandait M. Bérenger (de la Drôme) à M. Lacointa, *si le tribunal ne partageait pas, sur la question de discernement, l'avis du parquet?* » M. Lacointa a répondu en ces termes : « *Les tribunaux sont très-rarement plus sévères que le parquet. Mais si, contrairement aux prévisions, les débats révélaient des circonstances démontrant le discernement du mineur, il suffirait que l'audience fût rendue publique, soit de l'initiative de l'officier du parquet, dont l'opinion serait modifiée à la suite de constatations nouvelles, soit d'office, par le tribunal, il n'y aurait qu'à faire cesser le huis clos.* »

Nous devons mentionner encore deux points sur lesquels on a insisté dans ces discussions que nous résumons et sur lesquels aucune dissidence ne s'est produite : 1° la nécessité d'isoler complétement l'enfant arrêté, aussitôt après son arrestation ; 2° la nécessité d'apporter certaines restrictions à l'exercice de la puissance paternelle dans l'intérêt des enfants appartenant à des familles incapables ou indignes d'exercer ce pouvoir. Sur la première de ces questions les réclamations faites par le Secrétaire général de la Société des Prisons et par le Rapporteur de la 3ᵉ section, ont été appuyées notamment par les docteurs Mottet et Marjolin. « *C'est une mesure tellement indispensable,* a dit ce dernier, *que nous devons là réclamer avec une infatigable insis-*

tance, si nous avons véritablement le désir de commencer une œuvre de préservation. » — De même, M. Lacointa a donné une adhésion complète aux observations de M. Marjolin au sujet des restrictions législatives à apporter aux abus de l'autorité paternelle.

L'examen des questions qui viennent d'être indiquées a été repris par la Section d'éducation correctionnelle dans ses réunions particulières et cet examen nous a conduit à présenter à la Société générale des Prisons dans sa séance du 14 juin, comme conclusions finales de notre premier Rapport, les propositions suivantes concernant les amendements à ajouter au Projet de révision de la loi du 5 août 1850, présenté au nom de la Commission d'enquête parlementaire par M. Félix Voisin :

1°

Établir, par une disposition impérative de la loi, la séparation individuelle des mineurs, à partir du moment de leur arrestation et pendant tout le temps de leur détention préventive.

2°

Prescrire l'*huis clos* dans les poursuites contre les mineurs de 16 ans, lorsque le Ministère public présume que les mineurs ont agi sans discernement.

En conséquence rédiger comme il suit l'article 1er de la Proposition de loi sur l'Éducation et le Patronage des jeunes détenus :

« Les mineurs de 16 ans, des deux sexes, arrêtés sous prévention de crimes, délits ou contraventions sont placés dans un lieu de détention convenablement disposé pour la séparation individuelle.

» Ils sont pendant tout le temps de leur détention préventive placés soit dans une maison d'arrêt et de justice, en cellule, ou dans un quartier distinct qui leur est réservé, soit dans les maisons de réforme.

» Dans toute poursuite dirigée, par voie principale, contre un mineur de 16 ans, lorsque le Ministère public présume que ledit mineur a agi sans discernement, il doit requérir et le tribunal ou la cour ordonner le huis clos. »

3°

Ne pas confondre dans les mêmes établissements et sous le même régime, les enfants de moins de 12 ans et les mineurs de 12 à

16 ans et, comme conséquence de ce principe, compléter notre système d'établissements pénitentiaires destinés à l'enfance par la création d'établissements nouveaux devant remplir, dans ce système, le rôle que les Écoles industrielles remplissent en Angleterre et en Amérique.

Placer dans des établissements de ce genre les mineurs de 12 à 16 ans qui n'ont pas donné des preuves d'une perversité précoce et se sont montrés seulement enclins aux mauvaises habitudes.

La 3ᵉ section, unanime sur tous ces points, s'est partagée sur la question de savoir si ces dernières réformes pratiques doivent être l'objet d'une disposition législative, ou s'il ne convient pas d'en confier la réalisation à l'administration pénitentiaire qui, sous l'habile impulsion de son chef actuel, est déjà entrée dans cette voie, par la création des établissements du Mas-Saint-Éloi, près Limoges et de Frasne-le-Château, près Vesoul, pour les jeunes enfants. La majorité de la Section a pensé qu'il convient de donner, à cette catégorie d'établissements, la stabilité qu'une disposition de loi peut seule garantir.

En conséquence elle propose de rédiger, comme il suit, l'article 2 de la Proposition de loi présentée par M. Félix Voisin et l'article 66 du Code pénal :

Art. 2 (de la Proposition de loi). — « Les mineurs de 12 ans acquittés comme ayant agi sans discernement et non rendus à leurs parents, sont conduits dans une maison d'éducation spéciale. Les mineurs de 12 à 16 ans, dans le même cas, sont conduits soit dans une Maison de réforme, soit dans une Maison d'éducation spéciale, d'après la décision qui est prise à leur égard par le ministre de l'intérieur, en tenant compte de leur moralité. »

Ajouter à cet article le paragraphe additionnel suivant :

« Lorsque le prévenu ou l'accusé aura moins de 12 ans, il sera toujours présumé avoir agi sans discernement et les dispositions qui précèdent lui seront toujours applicables. »

4°

Enfin, soustraire à la grave pénalité de la surveillance de la haute police ainsi qu'à toutes les conséquences accessoires de la peine les mineurs de 12 ans condamnés pour faits qualifiés crimes ou délits et les mineurs condamnés pour simple délit.

A cet effet rédiger comme il suit les articles 69 et 50 du Code pénal.

Art. 69. — Ajouter à l'article 69 un second paragraphe ainsi conçu (qui prendra place avant le paragraphe additionnel proposé par le Projet de la Commission d'enquête) :

« Il sera réhabilité de plein droit par l'exécution de cette peine ou par la grâce qui interviendrait en sa faveur, sans pouvoir être exposé à aucune des incapacités ou déchéances accessoires attachées par les lois aux peines correctionnelles.

Art. 50. — Remplacer le paragraphe additionnel à l'article 271 du Code pénal, proposé dans ces termes par la Commission d'enquête : « Néanmoins les vagabonds de moins de 16 ans ne pourront pas être renvoyés sous la surveillance de la haute police » ; par un paragraphe additionnel à l'article 50, ainsi conçu :

« En aucun cas, les condamnés pour simple délit, âgés de moins de 16 ans, à l'époque où le délit a été commis, ne pourront être envoyés sous la surveillance de la haute police (1). »

---

(1) Au moment où ce travail est mis sous presse, nous venons de présenter au Sénat (dans la séance du 28 juillet) non-seulement en notre nom, mais encore au nom de M. Dufaure, Président de la Société générale des Prisons et de MM. Bérenger et l'amiral Fourichon, vice-présidents, une *Proposition de loi* portant à la loi du 5 août 1850 et aux articles du Code pénal qui s'y rattachent, les modifications ci-dessus indiquées.

DEUXIÈME PARTIE [1]

ÉDUCATION PRÉVENTIVE

Des enfants abandonnés ou maltraités. Leur situation, à Paris notamment, par rapport à la police et à la justice. Aggravation de cette situation par les nombreuses arrestations suivies de mise en liberté. Insuffisance de nos institutions d'assistance publique contre le vagabondage et l'abandon des mineurs de 16 ans. Études de M. le Pasteur Robin et de M. le vicomte d'Haussonville sur les *Ecoles industrielles* d'Angleterre et d'Amérique. Examen des lois anglaises du 10 août de 1866 concernant les *Ecoles de Réforme* et les *Ecoles industrielles*. Critique de ces lois par M. Charles Lucas. Du droit de détention ou de garde, principe essentiel de l'Ecole industrielle, comme moyen d'assistance et de protection des enfants abandonnés et maltraités. Objections tirées des droits de l'autorité paternelle. Lois américaines concernant la tutelle et l'éducation des enfants abandonnés. Nouvelle loi allemande (1878) complétant la loi du 5 juillet 1875 sur les tutelles. Loi italienne de 1873 et loi française du 20 décembre 1874. Conclusions pratiques : *Proposition de loi ayant pour objet la protection et la tutelle des enfants abandonnés et maltraités.*

Pour ceux qui ont lu avec attention la première partie de cette étude, il n'est pas nécessaire d'expliquer comment la question de la tutelle et de l'éducation préventive des enfants abandonnés et maltraités est inséparable de la question de l'éducation correctionnelle des jeunes délinquants. La Section d'éducation correctionnelle (3ᵉ section) de la Société générale des Prisons avait été unanime pour reconnaître, avec son Rapporteur, l'enchaînement étroit de ces deux études et la Société tout entière s'associait à ce sentiment, au terme des discussions relatives à notre premier Rapport, en mettant notre second Rapport en tête de son ordre du jour, sur la proposition de son président, M. Bérenger (de la

---

(1) Cette seconde étude reproduit le Rapport présenté à la Société générale des prisons le 12 juin 1879.

Drôme), exprimée en ces termes : « *Après nous être occupés pendant plusieurs séances des enfants qui ont commis des délits et des crimes, le moment paraît venu de nous occuper de ceux qui, sans s'être encore rendus coupables d'aucun méfait, sont exposés à ne recevoir de leurs parents que de mauvais exemples et qui, dans leur intérêt, bien qu'ils n'aient à subir aucune condamnation et que le tribunal n'ait pas à les acquitter, comme ayant agi sans discernement, devraient être soustraits à l'action funeste de leur entourage pour être envoyés dans des maisons de prévention ou confiés à des sociétés de patronage.* »

Ces paroles indiquent suffisamment l'objet de cette seconde partie de notre travail. La Section d'Éducation correctionnelle, qui nous avait confié la première, avait reconnu qu'elle n'atteindrait pas le but d'humanité que nous poursuivons et que notre étude ne répondrait pas aux besoins les plus pressants de notre situation sociale, si, s'enfermant rigoureusement dans le domaine des moyens de correction et de réforme des enfants coupables de délits et de crimes, elle ne s'étendait pas à la recherche des moyens de protection et de préservation des enfants abandonnés et maltraités, exposés à la démoralisation et au crime par l'abandon, mais malheureux seulement et non encore coupables.

Préoccupée du but à atteindre, bien plus que de la question de savoir si nous ne sommes pas forcément amenés, en le poursuivant, à sortir des limites du terrain pénitentiaire proprement dit et à entrer dans le domaine de l'assistance publique et de la charité, la troisième Section nous a confié ainsi le soin de tracer et de soumettre à son examen un programme des mesures de protection que semble réclamer la situation des enfants abandonnés ou maltraités, notamment celles qu'on a proposé d'emprunter aux législations étrangères, en vue de la création en France d'établissements d'éducation préventive sur le modèle des *Écoles industrielles* d'Angleterre.

La question des *Écoles industrielles* a été soulevée au sein de la Société générale des Prisons par M. le pasteur Robin, dans les lectures intéressantes qui ont marqué les séances des 2 janvier, 6 mars et 3 juillet 1878. Elle a été traitée par miss Mary Carpenter, par M. Richárd Petersen et par M. Charles Loring Brace au Congrès pénitentiaire international de Stockholm, au mois d'août suivant. D'autre part, M. le vicomte d'Haussonville publiait dans la *Revue des Deux-Mondes* (n^{os} des

1ᵉʳ et 15 juin et 15 novembre 1878) ses remarquables articles *sur le Vagabondage des enfants et les Écoles industrielles*, et cette étude amenait M. Charles Lucas à exposer, à son tour, ses idées sur ce même sujet, dans un rapport présenté à l'Académie des sciences morales et politiques le 11 janvier dernier et reproduit à notre séance du 3 mars.

C'est de cet ensemble de travaux que nous avons cherché d'abord à dégager les vues pratiques applicables à notre pays et les mesures susceptibles de prendre place utilement dans notre législation.

Nous ne reproduirons pas les tableaux que MM. Robin et d'Haussonville ont tracés, d'après leurs observations à Paris, à Londres ou à New-York, de la démoralisation de l'enfance sous l'influence du délaissement auquel elle est en proie, dans les grandes villes surtout. Ils montrent une fois de plus que parmi les misères sociales de notre temps, aucune n'est plus déshonorante pour des sociétés chrétiennes. Nous noterons seulement quelques chiffres relevés à Paris, parce qu'ils permettent, en donnant une mesure de ce mal parmi nous, d'entrevoir la part qu'il faut faire à nos lois elles-mêmes dans les causes qui l'entretiennent et l'aggravent.

En 1877, la police a arrêté et conduit au Dépôt 1,716 mineurs de 16 ans, sur lesquels près de la moitié (844) étaient arrêtés pour délits de vagabondage. 1,354 de ces enfants ont été livrés à la justice; 888 ont comparu devant le tribunal correctionnel; 419 seulement ont été envoyés en correction. Ainsi, plus des trois quarts des mineurs de 16 ans, arrêtés pour vagabondage et autres délits, échappent à toute application de la loi du 5 août 1850. Ils retombent, avant ou après l'intervention de la justice, dans le milieu malsain où la main de la police les avait saisis et où d'irrésistibles influences leur préparent des arrestations nouvelles et doivent transformer beaucoup d'entre eux en véritables criminels (1).

____

(1) On lit dans la *Chronique* du *Temps* du 12 juillet : « Un criminel dont le nom est resté tristement célèbre, Maillot, dit le Jaune, interrogé par le Président de la Cour d'assises sur les raisons qui avaient pu le conduire à commettre d'horribles forfaits, répondit : « Que voulez-vous que je vous » dise, monsieur le président? Depuis l'âge de sept ans je me suis trouvé » seul sur le pavé de Paris. Je n'ai jamais rencontré personne qui se soit » intéressé à moi. Enfant, j'étais abandonné à tous les hasards, je me suis » perdu. J'ai toujours été malheureux. Ma vie s'est passée dans les prisons

Nous noterons encore qu'en 1876, sur 1,754 enfants arrêtés à Paris, 1,100 l'étaient pour la première fois ; 308 pour la deuxième ; 144 pour la troisième ; 75 pour la quatrième ; 122 pour la cinquième et davantage. Ici, encore, nous retrouvons les mêmes effets funestes de l'abandon, soit pour augmenter les récidives, soit pour aggraver la démoralisation. Sur ces 1,754 enfants arrêtés, plus de 500 ont été relâchés directement par la police ; 303 ont été rendus à leurs familles, qui avaient si mal veillé sur eux ; 517, traduits en justice, ont été l'objet d'une ordonnance de non-lieu. Ainsi, encore une fois, c'est le quart à peine des arrestations d'enfants qui aboutit à l'éducation correctionnelle ; plus des trois quarts de ces petits malheureux recommencent leur vie antérieure, sans aucune mesure de précaution et dans une situation toujours aggravée par chaque arrestation.

M. d'Haussonville explique cet abus des mises en liberté : « *D'abord*, dit-il, *la Préfecture de police ne met les enfants à la disposition du Parquet que lorsqu'elle ne croit pas possible et utile de les faire réclamer par leur famille. Puis il est excessivement rare que la magistrature donne suite à une instruction, lorsque l'enfant est inculpé pour la première fois de mendicité, de vagabondage et même d'un petit larcin.*

» Les magistrats, ajoute-t-il, *n'ont pas toujours, et non sans raison, grande confiance dans l'efficacité de la condamnation qui serait prononcée. Si elle est de courte durée, elle sera inutile ; si l'enfant est envoyé pour plusieurs années dans une colonie correctionnelle, que vaudra le régime de la colonie ? N'en résultera-t-il pas pour lui une flétrissure irréparable ? Aussi les magistrats du petit parquet remettent-ils en liberté jusqu'à trois ou quatre fois l'enfant traduit devant eux et ce n'est que lorsque le délit tend à passer à l'état d'habitude, qu'ils se décident à donner suite à l'instruction. Parfois le tribunal devant lequel l'enfant finit par être renvoyé, l'acquitte ou ne prononce qu'une peine très-légère. Mis en liberté, à l'expiration de cette peine, l'enfant sera encore arrêté deux ou trois fois avant d'être condamné de nouveau ;*

» et les bagnes, voilà tout. C'est une fatalité. Je suis arrivé ainsi où vous
» savez. Je ne dirai pas que j'ai commis ce crime par des circonstances
» indépendantes de ma volonté ; mais enfin... (ici la voix de Maillot devient
» tremblante) je n'ai jamais eu personne à qui me recommander ; je n'avais
» en perspective que le vol. J'ai volé ; j'ai fini par tuer. » — « Quel lugubre
» enseignement », ajoute le chroniqueur qui rapporte ces paroles.

c'est ainsi que quelques-uns réalisent, avant l'âge de 16 ans, des chiffres d'arrestations qui paraissent fabuleux. »

La police et la justice répugnent donc, également, à appliquer la loi contre les délits de l'enfance. L'article 53 du Code d'instruction criminelle prescrit aux officiers de police de renvoyer sans délai les actes faits par eux au Procureur de la République, qui est tenu, de son côté, d'en faire l'examen immédiat et de transmettre ses réquisitions au juge d'instruction. D'après l'article 93, le Juge d'instruction est tenu, en cas de mandat d'amener, d'interroger l'inculpé dans les 24 heures et, si la mise en liberté immédiate n'est pas ordonnée, l'arrestation doit être régularisée sans retard par un mandat en vertu duquel l'inculpé est écroué légalement dans une maison d'arrêt.

En fait ces prescriptions légales sont très-mal observées lorsqu'il s'agit d'enfants. Cette inobservation de la part de la police a donné lieu à des plaintes répétées des magistrats. M. d'Haussonville reconnaît avoir vu lui-même au dépôt central de la police des enfants qui s'y trouvaient détenus depuis 4, 5, 6 et et même jusqu'à 9 jours. Il s'exprime en ces termes sur ces faits irréguliers : « *Souvent, dit-il, le 2ᵉ bureau de la préfecture de police procède par lui-même à une enquête sommaire et à des démarches dont le but est de faire reprendre l'enfant par sa famille avant qu'il soit livré à la justice. Il est alors de toute nécessité que l'enfant soit conservé au dépôt à la disposition du Préfet. S'il était régulièrement écroué à la Petite Roquette, le pouvoir de mise en liberté que conserve le Préfet cesserait.* »

Ainsi la police ne se permet ces façons de procéder que pour arriver à la mise en liberté des enfants. Mais la magistrature qui les blâme, tombe à son tour dans les mêmes irrégularités sous l'influence de la même préoccupation. On la voit souvent reculer devant le mandat en vertu duquel un enfant serait écroué à la Petite Roquette, parce que ce mandat ne pourrait être levé que par une ordonnance de non-lieu; elle ordonne, elle répète des confrontations avec les parents, afin d'en finir, s'il est possible, par un *sans suite;* elle prolonge ainsi, par son fait, le séjour au dépôt, malgré tous les inconvénients de ce séjour.

Il résulte donc de constatations, faites sous nos yeux : d'une part, que, dans l'état actuel de nos institutions protectrices de l'enfance, un grand nombre d'enfants voués au malheureux sort inséparable de la misère, de l'absence de la famille, de la faiblesse, de l'incapacité et trop souvent de l'immoralité des parents; n'a pas, en dehors des asiles ouverts par la charité, d'autre ressource que l'arrestation; d'autre part, que par suite de pratiques dues à l'indulgence, à l'esprit d'économie ou au défaut de confiance dans les effets de nos lois, ce fait de l'arrestation, toujours si grave lorsqu'il s'agit de l'enfance, n'est qu'une mesure trompeuse : qu'appliquée aux enfants coupables, qu'elle laisse échapper en si grand nombre et grandir pour le crime, elle protége très-mal la société; qu'appliquée à l'enfance malheureuse, à ces petits vagabonds que la police n'arrête, de son propre aveu, que « *contrainte et forcée* », elle n'est pour eux qu'une cause de plus de démoralisation.

L'insuffisance de nos institutions d'assistance publique contre le vagabondage et l'abandon des mineurs de 16 ans est aussi peu contestable que celle de nos lois concernant l'éducation correctionnelle. Elle peut être assez fréquemment constatée à Paris où ces institutions fonctionnent avec le plus d'ensemble et d'énergie. « *A côté des enfants arrêtés*, dit encore M. d'Haussonville, *il faut dire un mot de ceux qui sont pour ainsi dire ramassés dans la rue où ils ont été volontairement abandonnés par leurs parents. Il n'est pas rare qu'un agent trouve un soir au coin d'une rue un pauvre petit être qui pleure parce que sa mère l'a laissé là, lui disant qu'elle allait venir le reprendre et qu'elle n'a point reparu. Cet enfant sera conduit au dépôt et maintenu dans une salle à part. Si ses parents ne l'ont pas réclamé dès le lendemain et s'il a moins de 12 ans, il sera conduit à l'hospice des enfants trouvés où, après une attente de quelques jours, il sera considéré comme définitivement abandonné et immatriculé au nombre des pupilles de l'assistance publique.* »

Mais si le petit malheureux a plus de 12 ans révolus, s'il a atteint cette limite au delà de laquelle la porte de l'hospice ne s'ouvre plus pour lui, et où il ne peut plus compter au nombre des pupilles de l'assistance publique, quel refuge la prévoyance de la loi lui ouvre-t-elle? Ici encore, si la charité, heureusement si vigilante à Paris, ne le trouve pas à sa portée, il n'a pas d'autre ressource (1) que de commettre un délit pour se faire arrêter.

---

(1) Aujourd'hui quelques enfants trouvent une autre ressource: le suicide. On lit dans le *Globe* (n° du 13 juin): « L'établissement d'Auteuil a

Il n'est pas nécessaire d'entrer plus avant dans l'étude des faits pour mettre en lumière les lacunes de nos lois relatives à la protection de l'enfance abandonnée, et la nécessité de soumettre à un examen exempt de prévention les travaux qui nous offrent des éléments d'amélioration dans les institutions et les lois des pays étrangers.

En tête de ces travaux se présentent les études déjà citées de M. le pasteur Robin. Nous n'avons pas à en rappeler les développements. Mais pour en faire bien apprécier la principale conclusion, qui nous offre l'*École industrielle* comme solution du problème de l'éducation préventive des enfants abandonnés, il nous a semblé indispensable de faire connaître, dans leurs termes mêmes, les dispositions essentielles des deux Actes législatifs qui, en Angleterre, ont réglé parallèlement, dans leur forme actuelle, le régime de l'éducation correctionnelle des jeunes délinquants et le régime de l'éducation préventive des enfants abandonnés, maltraités, ou insoumis.

Ces deux lois portent la même date, celle du 10 août 1866.

La première, relative aux Écoles de réforme (An Act to consolidate and amend the Acts relating to Reformatory Schools in Great Britain), contient les dispositions suivantes :

Art. 4. — « Sur le rapport d'un inspecteur délégué par un secrétaire d'Etat de la Reine établissant qu'une École de Réforme est convenablement organisée pour recevoir les jeunes délinquants, cette école sera déclarée *École de Réforme Certifiée* (Certified Reformatory School, c'est-à-dire reconnue par l'Etat).

. *Art. 5.* — « Toute École de Réforme Certifiée sera visitée au moins une fois par an par l'inspecteur des Écoles de Réforme et sur un rapport défavorable de l'inspecteur, le *Certificat* peut être retiré ».

L'article 8 laisse le droit aux administrateurs (the managers) d'une École de Réforme de refuser d'admettre un jeune délinquant; mais celui-ci une fois accepté, ils ont l'obligation de l'élever, le vêtir, le loger et le nourrir pendant toute la durée de sa

---

reçu hier un nouveau pensionnaire, un jeune désespéré, âgé de 14 ans, qui se trouvant seul au monde avait résolu de se suicider.

« Cet enfant, qui s'appelle Louis A..., s est jeté hier à 9 heures du soir dans la Seine du haut du pont Louis-Philippe. Retiré vivant, le pauvre enfant a été conduit à l'établissement de l'abbé Roussel. »

détention, à moins que la subvention fixée par le parlement pour cette détention ne soit supprimée.

L'article 13 attribue à tout employé (officer) d'une École de Réforme ayant charge d'un jeune détenu, en cas d'évasion de celui-ci, ou s'il refuse d'obéir, les mêmes pouvoirs et autorité dont tout constable est revêtu pour remplir sa mission.

L'article 14 règle comme il suit la remise (commitment) d'un jeune délinquant à une École de Réforme Certifiée : « — Lorsqu'un délinquant qui, d'après l'avis de la cour, des juges ou des magistrats devant qui il est accusé, est âgé de moins de 16 ans, se trouve reconnu coupable d'une infraction (offence) punissable de la servitude pénale ou de l'emprisonnement et est condamné à un emprisonnement de 10 jours ou davantage, la cour, les juges ou le magistrat peuvent en outre décider, qu'à l'expiration de la peine il sera conduit dans une École de Réforme pour y être détenu pendant un temps qui ne sera pas de moins de 2 ans et de plus de 5 ans.

« Il est entendu toutefois qu'un jeune délinquant de moins de 10 ans ne sera pas envoyé dans une École de Réforme à moins qu'il n'ait été préalablement convaincu d'un crime ou d'une infraction punissable de la servitude pénale ou de l'emprisonnement.

« L'école particulière dans laquelle le jeune délinquant sera envoyé doit être désignée au moment de la sentence ou dans les sept jours suivants par la cour, les juges ou le magistrat qui l'ont condamné ou, à leur défaut, avant le terme de l'emprisonnement par tout juge visitant la prison.

« Dans le choix de l'École de Réforme Certifiée, la cour, le magistrat ou le juge cherchera à s'assurer à quelle religion appartient le jeune délinquant, et autant que possible, il choisira une école dirigée en conformité avec la croyance religieuse (religious persuasion) à laquelle ce jeune délinquant paraît appartenir.

Art. 18. — « Les administrateurs d'une École de Réforme Certifiée peuvent, à tout moment après 18 mois de durée de la détention d'un jeune délinquant, lui accorder, par une *Licence*, signée de leur main, la permission de vivre chez une personne digne de confiance et respectable ayant la volonté de le recevoir et d'en prendre charge.

« Aucune *Licence* de ce genre n'aura de valeur pendant plus de 3 mois; mais elle pourra être indéfiniment renouvelée de 3 en 3 mois jusqu'au terme de la condamnation ».

En regard de ce système, danslequel la prison est maintenue comme préliminaire et point de départ de l'éducation correctionnelle des jeunes délinquants et auquel est rattaché, au terme de 18 mois au moins de détention, le principe de la mise en liberté provisoire, se présente l'autre Acte du 10 août 1866, relatif aux Écoles Industrielles (an Act to consolidate and amend the Acts relating to Industrial Schools in Great Britain), et qui organise l'éducation préventive pour les différentes catégories d'enfants malheureux auxquels la société doit assurer l'éducation et la protection, sans avoir le droit d'attribuer un caractère pénal à la détention tutélaire dont ils sont l'objet.

Les caractères de l'École Industrielle sont nettement indiqués dans les articles suivants :

Art. 3. — « Une école dans laquelle une éducation industrielle (industrial training) est organisée et où les enfants sont logés, vêtus, nourris aussi bien qu'instruits, sera exclusivement appelée École Industrielle dans le sens du présent Acte.

Art. 6. — « Celui des inspecteurs des prisons de Sa Majesté que l'un des principaux secrétaires d'État de Sa Majesté jugera bon de nommer inspecteur des Écoles de Réforme sera aussi inspecteur des Écoles Industrielles.

« Le secrétaire d'État pourra au besoin nommer une personne pour assister l'inspecteur.

Art. 7. — « Le secrétaire d'État peut, sur la demande des administrateurs d'une École Industrielle, envoyer l'inspecteur des Écoles Industrielles pour examiner l'état dans lequel cette école se trouve et sa convenance pour la réception des enfants qui doivent y être envoyés d'après le présent Acte et pour lui faire un rapport à ce sujet.

« Si le secrétaire d'État est satisfait du rapport, il peut par un écrit de sa main, certifier que l'école est convenable pour la réception des enfants conformément à cet Acte et en conséquence, l'école sera qualifiée École Industrielle Certifiée.

Art. 8. — « Une école ne pourra pas être en même temps École Industrielle Certifiée d'après cet Acte et École de Réforme certifiée d'après un autre Acte ».

La destination propre aux Écoles Industrielles et le but de la loi sont déterminés comme il suit :

Art. 14. — « Toute personne peut amener devant deux juges

ou un magistrat tout enfant, paraissant âgé de moins de 14 ans, rencontré dans une des conditions suivantes :

« S'il est trouvé mendiant ou recevant l'aumône ouvertement ou sous le prétexte de vendre ou offrir pour vente quelque chose ;

« S'il est trouvé errant, sans aucun foyer, ni demeure fixe, ni gardien propre, ni moyens d'existence apparents ;

« S'il est trouvé délaissé, soit qu'il soit orphelin ou qu'il ait son père ou sa mère subissant la servitude pénale ou l'emprisonnement ;

« S'il fréquente la compagnie de voleurs notoires.

« Les juges ou le magistrat devant lesquels un enfant dans l'une de ces conditions est conduit, s'ils reconnaissent expédient de lui appliquer le présent Acte, peuvent ordonner qu'il soit envoyé dans une École Industrielle Certifiée.

Art. 15. — « Lorsqu'un enfant paraissant au-dessous de 12 ans, est accusé devant deux juges ou un magistrat d'une infraction punissable par l'emprisonnement ou une peine moindre, mais qui n'a pas été condamné pour fait criminel (felony) en Angleterre, ou pour vol (theft) en Écosse, et que cet enfant, dans l'opinion des juges ou du magistrat, doit être traité d'après le présent Acte, les juges ou le magistrat peuvent ordonner son envoi dans une École Industrielle Certifiée.

Art. 16. — « Lorsque le père ou la mère (the parents), ou un allié, ou le tuteur d'un enfant de moins de 14 ans, représente à deux juges ou à un magistrat qu'il est incapable de surveiller l'enfant et qu'il désire que cet enfant soit envoyé à une École Industrielle en vertu de cet Acte, les juges ou le magistrat, s'il résulte de l'enquête qu'il convient qu'il soit fait ainsi, peuvent envoyer l'enfant à une École Industrielle Certifiée.

Art. 17. — « Lorsque les Gardiens des pauvres d'une Union ou d'une paroisse dont les fonds (relief) sont administrés par un Conseil de Gardiens (board of guardians), ou le Conseil d'administration d'une école de pauvres de district, ou le Conseil paroissial d'une paroisse ou d'une association (combination), représentent à deux juges ou à un magistrat qu'un enfant paraissant âgé de moins de 14 ans, entretenu dans un Workhouse ou une École de pauvres d'une Union ou d'une paroisse, ou dans une École de pauvres de district ou dans une maison de pauvres d'une paroisse ou d'une association, est insoumis (refractory), ou qu'il est l'enfant de parents dont l'un a été condamné pour crime punissable de la servitude pénale ou d'emprisonnement et qu'il est désirable qu'il soit envoyé dans une École Industrielle en vertu de cet Acte, les juges ou le magistrat peuvent ordonner qu'il soit envoyé dans une École Industrielle Certifiée.

Art. 18. — « L'ordre des juges ou du magistrat envoyant un enfant dans une École Industrielle, sera donné par écrit signé par les juges ou le magistrat et spécifiera le nom de l'école.

« L'école sera une École Industrielle Certifiée dont les administrateurs consentent à recevoir l'enfant et l'admission de l'enfant par les administrateurs sera considérée comme un engagement pris par eux d'instruire, soigner, vêtir, loger et nourrir l'enfant pendant l'entière période pour laquelle il est contraint (liable) de rester détenu à l'école ou jusqu'au retrait ou à la résignation du certificat de ladite école ou jusqu'à ce que la contribution en argent fournie par le parlement pour la garde et l'entretien des enfants détenus dans ladite école, soit discontinuée.

« Les juges ou le magistrat, en choisissant l'école, tâcheront de s'assurer quelle est la croyance religieuse de l'enfant et de choisir une école dirigée conformément à cette croyance. L'ordre devra spécifier le temps pendant lequel l'enfant doit être maintenu à l'école, ce temps étant celui qui paraît aux juges ou au magistrat nécessaire pour l'instruction et l'éducation de l'enfant (for the teaching and training of the child), mais ne devant en aucun cas excéder l'époque où l'enfant aura atteint l'âge de 16 ans.

Art. 26. — « Les administrateurs d'une École peuvent permettre qu'un enfant qui y est placé en vertu de cet Acte, aille loger dans l'habitation de ses parents ou d'une personne digne de confiance et respectable, de telle sorte que les administrateurs instruisent, soignent, habillent et nourrissent cet enfant dans l'école comme s'il logeait dans l'école même et ils feront un rapport au secrétaire d'État chaque fois qu'ils useront de la faculté indiquée dans cet article.

Art. 27. — « Les administrateurs peuvent, après le terme de dix-huit mois de détention, par une *Licence* signée de leur main, permettre à un enfant de vivre chez une personne digne de confiance et respectable, nommée dans la Licence et consentant à recevoir l'enfant et à le prendre à sa charge. La susdite Licence est valable pour trois mois et est indéfiniment renouvelable jusqu'au terme fixé pour la détention.

Art. 28. — « Les administrateurs peuvent, en tout temps, après qu'un enfant a été placé au-dehors, sur Licence, s'il s'est bien conduit pendant son absence de l'école, l'engager, avec son consentement, comme apprenti pour un commerce, un état ou service quelconque, quoique la durée de sa détention ne soit pas expirée.

Art. 32. — «Si un enfant, envoyé dans une École Industrielle Certifiée pour y être retenu et paraissant âgé de plus de 10 ans, qu'il loge ou non dans l'école, néglige par mauvais vouloir ou refuse de se conformer aux règles de l'école, il sera coupable d'infraction au présent Acte et après avoir été sommairement reconnu coupable de cette infraction devant deux juges ou un magistrat, il sera passible d'un emprisonnement de quatorze jours au moins et de trois mois au plus, avec ou sans travail pénal, et les juges ou le magistrat peuvent l'envoyer, au terme de son emprisonnement, dans une École de Réforme et l'y faire détenir en vertu de l'Acte des Écoles de Réforme de 1866.

Art. 33. — « Si un enfant, envoyé dans une École Industrielle Certifiée, s'échappe ou néglige de s'y rendre, il sera coupable d'infraction au présent Acte et il peut être arrêté sans mandat d'amener (without warrant) et traduit devant un juge ou magistrat ayant sa juridiction dans le lieu où il se trouve où dans le lieu où l'école est située et il sera condamné par un jugement sommaire à être ramené, aux frais des administrateurs de l'école dans ladite école, pour y être détenu pendant une période de temps égale au temps de détention qui lui restait à faire lorsqu'il a commis la faute.

« Si l'enfant accusé de cette infraction paraît âgé de plus de 10 ans, il pourra, en vertu du jugement, être emprisonné, avec ou sans travail pénible, pendant une durée de quatorze jours au moins et de trois mois au plus et les juges ou le magistrat peuvent, au terme de son emprisonnement, l'envoyer dans une École de Réforme Certifiée et l'y faire détenir en vertu de l'Acte des Écoles de Réforme de 1866. »

Enfin, dans les articles qu'il nous paraît nécessaire de citer encore, sur les 54 articles dont se compose cette importante loi, on trouve réglée, comme il suit, la participation financière de l'État, des paroisses et communautés diverses, ainsi que des familles, dans les charges des Écoles Industrielles :

Art. 35. — « Les commissaires de la trésorerie de Sa Majesté peuvent, de temps en temps, subvenir, sur le fond voté à cet effet par le parlement et pour telles sommes que le secrétaire d'État jugera nécessaire, à la garde et à l'entretien des enfants détenus dans les Écoles Industrielles Certifiées ; lesdites contributions toutefois ne doivent pas excéder deux shellings par tête et par semaine pour les enfants retenus sur la demande de leurs parents, alliés ou tuteurs.

Art. 36. — « En Angleterre, l'autorité pénitentiaire (a prison authority) peut faire un contrat avec les administrateurs d'une École Industrielle Certifiée pour l'admission et la rétention dans cette école de tous enfants que les juges ordonnent de temps à autre d'y envoyer du district relevant de cette autorité pénitentiaire.

Art. 37. — « Les Gardiens des pauvres d'une Union ou d'une paroisse, ou le Conseil d'administration d'une école de pauvres de district, ou le Conseil paroissial d'une paroisse ou d'une association, peut, de temps en temps, avec le consentement du Bureau de la loi des pauvres, en Angleterre, et du Bureau de surveillance (board of supervision), en Écosse, contribuer pour telles sommes qu'ils jugeront convenables pour l'entretien des enfants détenus sur leur demande dans une École Industrielle Certifiée.

Art. 38. — « En Écosse, lorsqu'un enfant envoyé dans une École Industrielle Certifiée, est, au moment de cet envoi, ou dans les trois mois suivants, à la charge d'une paroisse, le Conseil paroissial et l'inspecteur des pauvres de la paroisse du domicile légal (settlement) de cet enfant, si ce domicile est dans une paroisse en Écosse, seront tenus, aussi longtemps que l'enfant reste à leur charge, de payer aux commissaires de la trésorerie de Sa Majesté toutes les dépenses faites pour son entretien à l'école en vertu du présent Acte, jusqu'à une somme n'excédant pas 5 shellings par semaine et, à défaut, ces dépenses seront recouvrées par l'inspecteur des Écoles Industrielles ou tout agent de l'inspecteur en manière sommaire, devant le magistrat ayant juridiction dans le lieu où la paroisse est située. »

Art. 39. — « Le parent, l'allié ou autre personne, pour le temps où elle est légalement chargée de l'entretien de l'enfant détenu dans une École Industrielle Certifiée, doit, s'il en a les moyens suffisants, contribuer à son entretien et à son éducation, pour une somme n'excédant pas 5 shellings par semaine.

Art. 40. — « Sur la plainte de l'inspecteur des Écoles Industrielles ou de tout agent de l'inspection ou de tout constable d'après les instructions de l'inspecteur (instructions auxquelles tout constable est ici requis de se prêter), deux juges ou un magistrat ayant sa juridiction dans l'endroit où réside le parent, allié ou autre personne responsable comme il a été dit ci-dessus, peuvent, après sommation audit parent, allié ou autre, examiner ses ressources, s'ils le jugent convenable, lui faire un ordre ou commandement (make an order or decree on him) pour le paiement à l'inspecteur ou à son agent de la susdite somme hebdomadaire n'excédant pas 5 shellings pendant tout ou partie du temps pendant lequel l'enfant est détenu à l'école. »

Art. 41. — « Une personne qui a atteint l'âge de 16 ans ne sera retenue dans une École Industrielle Certifiée que sur son propre consentement par écrit. »

Si je ne me trompe, les caractères et la portée des deux Actes du 10 août 1866, très-diversement jugés en France, comme on va le voir, ressortent mieux de cette succession un peu monotone d'articles que d'une plus longue dissertation. On y reconnaît incontestablement un système, dont les parties sont liées entre elles. Des établissements de deux sortes, créés par l'initiative privée, placés sous la direction de personnes indépendantes, qui en ont fait librement l'entreprise et en assument la responsabilité, sont, moyennant certaines conditions, mis sous l'autorité et la sanction du gouvernement; ils sont surveillés par les mêmes inspecteurs ; ils reçoivent, de même, les subventions de l'État, des paroisses et des associations diverses, pour les enfants dont les familles sont sans ressources.

On voit clairement, d'autre part, qu'en adoucissant dans l'École Industrielle le type de l'École de Réforme ; en supprimant l'emprisonnement préalable, qui est le trait saillant de celle-ci ; en n'y laissant d'autre trace du régime pénitentiaire que le principe même de la détention, l'Éducation forcée, les auteurs des deux lois du 10 août 1866, ont voulu satisfaire surtout à cette nécessité morale et de bonne justice: de ne plus laisser confondus dans le même établissement, sous un même traitement, les enfants coupables que la loi doit punir et corriger et les enfants plus malheureux que coupables qu'elle doit surtout protéger et élever.

En considérant l'École Industrielle au point de vue des services que des établissements analogues pourraient rendre dans notre pays, M. le pasteur Robin n'hésite pas à affirmer que c'est là l'avenir de l'éducation préventive en France.

« *Les Écoles Industrielles, dit–il, sont des établissements par-*
faitement appropriés à leur but : imposer le bienfait d'une éduca-
tion à la fois primaire et professionnelle à des enfants qui, pour
des causes diverses, en auraient été privés. Ce ne sont pas des
établissements scolaires proprement dits. On ne peut y entrer ni
en sortir à volonté. Ce ne sont pas non plus des prisons. Le régime
sévère des colonies pénitentiaires, selon l'expression de notre loi
de 1850, y est inconnu. Ce n'est pas la prison, puisque rien dans
la discipline ne rappelle le séjour d'une maison de correction.
Ce n'est plus le simple internat, puisque le principe salutaire de
la contrainte s'impose aux pensionnaires et que la maison pos-
sède sur eux le droit de détention..... Si on voulait une défini-
tion exacte de ce genre d'établissements, on pourrait dire que l'É-
cole Industrielle est une maison d'éducation primaire et profes-
sionnelle investie du droit de détention. C'est le droit de déten-
tion qui détermine le caractère spécial de l'établissement. » Et
M. Robin ajoute comme conclusion : « *La prison n'est pas*
faite pour l'enfant; l'éducation ferme, éclairée mais affectueuse, là
est la solution en France aussi bien qu'à l'étranger. L'École Indus-
trielle est cette solution! »

M. le vicomte d'Haussonville, qui a fait un historique soigné de
la législation anglaise sur la matière qui nous occupe, à partir
de l'Acte du 22 juillet 1847 (Juvenile offenders Act), remarque
avec raison, que les appréciations contradictoires auxquelles ont
donné lieu les lois anglaises tiennent surtout à ce qu'elles n'ont
pas été appréciées dans leur ensemble. Il reconnaît à l'Acte qui a
créé les Écoles Industrielles, le mérite d'avoir réduit considérablement le nombre des petits vagabonds, grâce à l'énergie avec
laquelle il a pu être mis en vigueur, et qui est due en grande partie à
la simplicité de la procédure, à la facilité qu'y trouvent les magistrats pour ordonner la mise en détention préventive. Le droit
dévolu à *toute personne* de conduire devant un juge un enfant
appartenant à l'une des catégories portées à l'article 14 de la loi
sur les Écoles Industrielles, a été, paraît-il, d'une remarquable
efficacité, grâce à l'empressement avec lequel les nombreuses
associations anglaises de charité et de patronage l'ont utilisé, en
créant des employés spéciaux (Boys' Beadles) chargés de ramasser les enfants errants et de les amener ensuite devant le juge
qui ordonne leur placement dans une école industrielle. Il faut
ajouter que la mise en pratique, depuis 1876, du principe de

l'instruction obligatoire, est venue donner aux *Conseils scolaires* (school-boards) le moyen de contribuer efficacement à délivrer la rue des enfants vagabonds. Notons enfin que cet assainissement moral de la rue, résultat extérieur incontestable, correspond réellement à un résultat plus essentiel établi par les chiffres, à savoir: la diminution progressive de la criminalité dans l'enfance. M. d'Haussonville dit avec raison qu'il y a là *un résultat assez concluant pour vaincre beaucoup d'incrédulité et nous déterminer à rechercher quelles sont parmi les dispositions de la législation anglaise celles qu'on pourrait utilement introduire dans la nôtre.* » De même que M. Robin, M. d'Haussonville se montre réservé dans les emprunts qu'il propose. Il faudrait se garder, selon lui, d'emprunter à l'article 14 les formules qui permettent aux magistrats anglais d'envoyer un grand nombre d'enfants dans les Écoles Industrielles ; il faudrait se garder aussi de bouleverser la marche de la procédure en étendant à des autorités autres que celle du ministère public, le droit de traduire les enfants en justice. Ce qu'en définitive il veut qu'on emprunte à l'Angleterre, « *c'est*, dit-il, *la séparation très-judicieuse en théorie, très-efficace et réalisable dans la pratique, entre les enfants qui ont déjà donné des preuves d'une perversité précoce et ceux qui se sont montrés seulement enclins aux mauvaises habitudes. C'est la distinction entre l'École de Réforme qui correspond à notre Colonie Correctionnelle, sur le plan de laquelle elle-même a été conçue, et l'École Industrielle dont nous n'avons point en France le pendant. Il s'agirait donc d'introduire chez nous l'École Industrielle et il est facile d'y arriver sans bouleverser notre législation.* »

M. d'Haussonville reconnaît que cette création d'établissements nouveaux, auxquels il conserverait volontiers leur nom anglais et dont il propose pour modèle, au point de vue du régime intérieur, l'École d'apprentissage de la Villette ou l'Internat de Saint-Nicolas, aurait besoin, pour porter ses fruits, d'être complétée par un ensemble de mesures propres à inspirer confiance aux magistrats français et obtenir qu'ils prononcent *contre*, ou plutôt *au profit* de ces enfants, des sentences assez longues pour leur assurer le bénéfice d'une éducation véritable.

En résumé, il ressort des études de MM. Robin et d'Haussonville que la France, qui, en 1850, a donné l'impulsion et servi de modèle à l'étranger, s'est laissée dépasser depuis et doit, à son tour, prendre des modèles à l'étranger et lui emprunter notamment celui de l'École Industrielle.

L'honorable M. Ch. Lucas, s'est élevé, avec une grande vivacité, contre cette conclusion et contre tout emprunt aux deux Actes législatifs anglais que nous avons fait connaître. « *Ils me semblent*, dit-il, *trop défectueux pour qu'on en puisse conseiller d'imprudentes imitations, surtout à la France qui est dans une meilleure voie.* »

Posant en principe la nécessité pour l'enfance de la coexistence de deux régimes, l'un répressif, l'autre préventif, M. Ch. Lucas pense que cette règle fondamentale n'est pas appliquée en Angleterre; que la répression pénitentiaire n'y est pas organisée dans les Écoles de Réforme; que le système préventif est mal défini et mal pratiqué dans les Écoles Industrielles. Il accuse le législateur d'avoir jeté la confusion dans les idées et les institutions en appliquant la dénomination d'*écoles* à des établissements pénitentiaires qui n'ont presque rien de commun; il l'accuse d'inconséquence, puisque, voulant effacer le régime répressif, il maintient cependant l'emprisonnement avant l'entrée des jeunes délinquants à l'École de Réforme. Il reproche surtout à la loi anglaise d'exclure les établissements publics « *c'est-à-dire*, dit-il, *le droit que l'État doit exercer, le devoir qu'il doit remplir, comme gardien responsable de la sécurité publique menacée par les crimes et délits de l'enfance coupable. La loi anglaise*, ajoute-t-il, *jette à l'eau le régime répressif dont l'État, dans la colonie publique, est le légitime représentant et comme elle ne l'organise pas dans la colonie privée, il s'ensuit qu'il n'existe nulle part.* » Concentrant ensuite sa critique sur l'École Industrielle, M. Ch. Lucas lui reproche de réunir dans un pêle-mêle déplorable :

1° Les vagabonds et les mendiants âgés de 14 ans au plus;

2° Les abandonnés et les orphelins;

3° Les enfants sans tutelle convenable;

4° Les enfants dont les parents sont en prison;

5° Ceux qui méconnaissent l'autorité paternelle ;

6° Ceux qui se montrent insoumis dans les écoles de Workhouses;

7° Enfin les jeunes délinquants au-dessous de 12 ans qui ont commis une infraction passible de l'emprisonnement sans avoir subi auparavant aucune condamnation.

M. Ch. Lucas réprouve encore les dispositions de la loi qui rè-
glent la procédure expéditive pour l'arrestation des enfants. « *Je
ne puis*, dit-il, *comprendre cette manière de procéder qu'en me
reportant à la politique de débarras dont s'inspira l'Angleterre
lorsqu'elle voulut par la transportation se débarrasser de sa
population criminelle.* »

Entre ce réquisitoire éloquent et les appréciations plus favorables qui ont été précédemment résumées, nous n'avons pas
à entrer dans une discussion de doctrines. La loi sur les écoles
industrielles ne satisfait pas assurément à nos habitudes de
simplicité et de précision en matière législative. Elle est non-seulement chargée de détails de réglementation; mais elle embrasse
des objets multiples et divers dont les uns appartiennent au
régime pénitentiaire et les autres à l'assistance publique. Elle a
ainsi un caractère compliqué qui peut laisser à nos esprits une
impression confuse. Mais ces points admis, si l'on considère dans
leur ensemble les deux Actes de 1866, comme offrant le complément du système pénitentiaire anglais appliqué à l'enfance, on
ne saurait prétendre qu'ils suppriment tout régime répressif dans
l'éducation correctionnelle, puisqu'ils font de l'emprisonnement
le point de départ obligé de cette éducation. L'intimidation et la
répression y occupent, il est vrai, une place très-réduite, selon la
doctrine que M. Robin a formulée en ces termes: « *Quand il s'agit
de l'enfant, user de la prison le moins possible* », mais cette place
n'est pas moins notable puisque la prison est le préliminaire
indispensable de l'École de Réforme. Quant au nom d'*école*, donné
aux établissements à la fois *correctionnels et préventifs* qui nous
occupent, quel autre pourrait marquer plus exactement ce fait que,
dans le système anglais, aussitôt que le jeune délinquant est sorti
de la prison, l'intimidation et la répression ont fait place définitivement pour lui à l'éducation proprement dite. Enfin, quant au
reproche adressé au législateur anglais de s'en tenir aux établissements privés, à l'exclusion des établissements de l'État, il ne
faudrait pas oublier les conditions de milieu social qui maintien-
nent et peuvent justifier la préférence traditionnelle des Anglo-
Saxons pour les établissements dus à la libre initiative des indi-
vidus ou des associations et leur tendance si marquée à limiter
le rôle de l'État à la surveillance et à des subventions pécuniaires.
Naguère encore, au Congrès international de Stockholm, les deux
rapporteurs des questions dont il s'agit se sont prononcés en ce

sens avec une égale énergie. Miss Mary Carpenter demandait pour les établissements d'éducation préventive à créer, « *la sanction et l'autorité du gouvernement ; mais ils doivent être*, disait-elle, *sous la direction de personnes indépendantes.* » M. Richard Petersen, parlant pour les pays scandinaves, déclarait que, « *si ces établissements étaient uniquement des établissements publics, ils manque-raient de cette vigueur particulière aux institutions privées et auraient cette aridité qui fait un des attributs des institutions uniquement dirigées par l'État.* »

Je m'écarterais de mon sujet en poussant plus loin ces remarques, car nous n'avons pas à porter sur des lois étrangères un jugement toujours malaisé. Il ne s'agit pas d'ailleurs de faire à ces lois des emprunts de détail que notre législation ne saurait admettre. Il s'agit d'examiner si le principe de l'École industrielle, c'est-à-dire le *droit de détention* ou pour parler plus exactement, sur le terrain où nous nous plaçons, le *droit de garde des mineurs*, n'est pas appelé à nous rendre les mêmes services qu'à l'Angle-terre ou à l'Amérique, en comblant la principale des lacunes reconnues dans notre système de protection des enfants aban-donnés ou maltraités.

Dans notre premier Rapport, présenté le 6 février dernier, il a été rendu hommage à notre législation de 1850 et aux progrès accomplis sous son influence, à l'étranger comme en France. Mais s'il était juste de s'associer rétrospectivement à une admiration partagée, il y a un quart de siècle, par tous les pays civilisés, il n'est plus permis de nous attarder dans une satisfaction trom-peuse, lorsque, chaque année, les relevés officiels établissent qu'au centre même de notre civilisation, les trois quarts des mi-neurs de 16 ans, arrêtés pour délits bien constatés, échappent à l'action de la loi du 5 août 1850, à toute répression et au bien-fait de l'éducation correctionnelle. Personne n'est en droit de pré-tendre que notre pays est en bonne situation, lorsqu'il est pres-que de règle générale que les petits vagabonds de Paris, les petits mendiants de nos rues (dont les trois quarts sont façonnés et contraints à la mendicité par leurs parents) ne sont pas arrêtés par la police, ou, en cas d'arrestation, ne sont pas retenus par la justice, à moins qu'un délit plus caractérisé ne s'ajoute au fait du vagabondage et de la mendicité. Lorsqu'une population de usieurs milliers d'enfants flotte ainsi à l'abandon, rejetée par

la police et par la justice, échappant également à la tutelle de
l'assistance publique et au zèle de la charité, il est évident que
quelque chose manque ou, est dérangé dans nos lois et qu'une
réforme est nécessaire dans nos institutions protectrices de l'enfance.

M. Charles Lucas le reconnaît lui-même. « *Les institutions,
dit-il, qui, en France, se rattachent au régime répressif et pénitentiaire et au régime préventif relatifs à l'enfance, présentent
sans doute bien des imperfections et des lacunes. Elles n'ont pas
été l'objet d'un plan préconçu qui ait reçu ensuite son développement graduel.* » Cherchant, à son tour, la voie d'améliorations
dans laquelle les institutions qui tendent à préserver l'enfant du
délit et du crime doivent entrer, M. Ch. Lucas n'en trouve pas de
meilleure que celle de l'assistance physique, professionnelle,
intellectuelle, morale et religieuse. Il invoque la crèche, la salle
d'asile, l'école, l'ouvroir, l'orphelinat agricole ou industriele
comme les institutions à l'aide desquelles nous devons tendre
au but qu'il s'agit d'atteindre. Faisant appel enfin à la charité, il
s'efforce de tourner le courant de ses largesses vers ces institutions et en particulier vers les orphelinats. Il montre que rien
n'est plus digne de sa sollicitude qu'un pauvre enfant délaissé;
qu'aucun malheur n'est plus sacré, n'est plus méritoire à secourir,
« *car, c'est,* dit-il, *le malheur irréprochable et irresponsable.* »

M. Charles Lucas indique ainsi la bonne voie et on aime
à s'y engager avec un guide aussi autorisé; en avançant, toutefois,
on s'aperçoit vite qu'il ne suffirait pas d'accroître les ressources
budgétaires de nos institutions d'assistance pour leur faire pro-
duire les résultats qu'on obtient ailleurs des Écoles industrielles
et qu'il faut faire plus, pour que nos moyens actuels de réforme
et de protection de l'enfance abandonnée trouvent le complément
et l'appui qui leur manquent.

C'est précisément lorsqu'on compare, au point de vue de l'efficacité de ces moyens, notre pays et d'autres pays moins avancés
que lui, il y a 25 ans, qu'il est impossible de ne pas reconnaître
que l'insuffisance de nos institutions n'est pas due à l'insuffisance
de leurs ressources, mais à celle de leur organisation légale. Si
nos fonctionnaires de police, si nos magistrats, reculent fréquemment devant les conséquences de l'emprisonnement appliqué
aux délits de l'enfance; s'ils laissent, plutôt que de les frapper,
retomber un si grand nombre de jeunes délinquants dans l'aban-

don, ce n'est pas seulement parce que l'assistance publique ou la charité manquent de ressources ; ce n'est pas seulement parce que l'assistance publique, sous notre législation actuelle, ferme généralement ses portes aux enfants abandonnés, dès l'âge de 12 ans ; c'est encore et surtout parce qu'aucun orphelinat, aucun asile ouverts par la charité à la portée de la police et de la justice n'est investi par la loi du droit de recevoir et de garder l'enfant qui lui serait confié. Toute la supériorité des établissements préventifs fondés sur le type de l'*École industrielle* provient de ce droit de garde et de tutelle qui leur est conféré par la loi, qui peut s'exercer sans l'intervention d'une procédure compliquée ou d'une condamnation par un tribunal correctionnel et qui place les résultats de l'éducation préventive à l'abri des abus de la puissance paternelle. En un mot, ce qui fait défaut surtout à nos institutions d'assistance, ce n'est pas l'argent, c'est l'appui de la loi.

Une vérité aussi saisissable n'aurait pas échappé à M. Ch. Lucas, si la peur des abus de la taxe des pauvres n'avait détourné l'impartiale attention d'un esprit aussi clairvoyant, en le disposant à croire, comme il le dit, que « *ceux qui veulent des Écoles industrielles ne voient pas que leur initiative commencerait à faire entrer la France dans le système de la charité légale.* » On ne saurait nier les abus produits en Angleterre par suite de l'énergie même avec laquelle la loi a été mise en exécution et des facilités de procédure qu'elle comporte. Il a fallu pour les réprimer, sans parler du correctif de l'*École industrielle de jour*, toute la vigueur déployée par le service d'inspection pour exiger une contribution pécuniaire de tous les parents dont les ressources peuvent être constatées, et il n'est pas douteux qu'un semblable moyen d'action doit être consacré partout par la loi.

Tous les bons esprits, qui ont sondé cette plaie sociale du vagabondage et de l'abandon des mineurs, sont arrivés à la même conviction sur la nécessité d'un moyen de contrainte légale qui nous manque. En 1873, la Société de protection des apprentis (de Paris), effrayée du nombre considérable d'enfants de 10 à 15 ans vivant hors du domicile paternel, chargea une commission de rechercher les moyens de remédier à ce mal. Nous voyons l'honorable Dr Marjolin, dans les conclusions de son rapport, demander « *la création, comme en Angleterre et en Amérique, d'un certain nombre, non de pénitenciers, dit-il, mais de véri-*

tables asiles destinés à recevoir et élever les jeunes enfants délaissés jusqu'à 12 et 13 ans, pour les placer ensuite en apprentissage », et M. Marjolin voulait que, pour obtenir sur ces enfants une autorité réelle, on arrivât à généraliser la pratique des contrats passés devant l'assistance paternelle entre les parents et les patrons.

Dans un rapport présenté au mois de juillet dernier à la Société de patronage des libérés de Seine-et-Oise, notre regretté collègue, M. J. de Lamarque, après avoir exposé les avantages des établissements nouveaux dus à l'initiative de M. Choppin, disait : « *Il y a un grand obstacle à prévoir, c'est l'intervention de l'autorité paternelle à l'expiration du délai pendant lequel elle a été suspendue. Une législation nouvelle est absolument indispensable pour parer à ce mal.* »

C'est bien là, en effet, la seule et la vraie solution, à une condition toutefois : c'est que la réforme n'ait pas lieu seulement sur le terrain pénitentiaire et qu'elle s'étende à tous les mineurs abandonnés, qu'ils aient ou non comparu devant la justice. C'est ainsi seulement que la contrainte à exercer, en vertu de la loi, sur les mineurs et sur leurs parents ou tuteurs indignes ou incapables, aura sa véritable portée et le caractère d'une grande mesure de protection et de tutelle sociale.

C'est ainsi que l'ont compris et qu'ont procédé les peuples qui nous devancent aujourd'hui en matière d'éducation préventive. Si la longueur de ce Rapport n'interdisait désormais les citations, je produirais ici quelques-uns des exemples probants que nous offre l'Amérique. Je me borne à rappeler les sombres tableaux tracés par M. Loring Brace de l'état des classes dangereuses de New-York, sous l'ancien régime correctionnel, lorsque ce vrai philanthrope essayait de mettre en pratique sa maxime : *que pour faire disparaître ces classes le moyen sûr est d'en prévenir le développement.* Le grand Asile de l'enfance (1) de New-York (New-York juvenile Asylum) fut fondé

---

(1) M. Loring Brace parlait en ces termes de cette grande institution préventive, au Congrès pénitentiaire international de Stockholm : « Cette association, dont le revenu a été l'année dernière de plus de 1 million de francs, est simplement une grande Agence pour ramasser les enfants vagabonds, mendiants et abandonnés et leur enseigner les habitudes d'amour-propre, d'indépendance et de travail. L'année dernière (1877), 23,000 enfants ont subi son influence. Une partie de ceux-ci, environ 6,000, ont été enseignés dans les écoles industrielles et y ont été en partie nourris et vêtus,

sous l'inspiration de ce principe et, trois ans après, les deux Chambres adoptaient la loi générale pour l'éducation des enfants oisifs et vagabonds, dont je ne citerai que deux articles :

Article premier. — « Si un enfant âgé de 5 à 14 ans.... est trouvé errant dans les rues ou passages d'une ville, ou dans les villages, étant oisif, vagabond, sans occupation légale, les juges de paix, magistrats de police, etc., pourront faire amener cet enfant devant eux. Ils feront aussi comparaître les parents, tuteur ou maître de l'enfant, s'il en a.... et le magistrat peut exiger qu'ils s'engagent par écrit à garder l'enfant occupé à un travail légal, et à l'envoyer à l'école au moins quatre mois par an jusqu'à 14 ans.

» Si l'enfant n'a pas de parents, ni de tuteur, ni de maître, ou si on ne peut pas les trouver, ou s'ils refusent, dans un temps raisonnable, de prendre l'engagement ou de donner la garantie demandée, le juge pourra, par un arrêt signé de sa main, envoyer l'enfant dans un établissement disposé pour le recevoir. »

Art. 3. — « Les autorités constituées dans chaque ville ou village établiront un lieu convenable pour la réception de chaque enfant qui pourra y être ainsi envoyé, lui procureront une occupation utile et lui fourniront la nourriture et le logement. Chaque enfant ainsi reçu sera gardé dans cet endroit jusqu'à ce que l'inspecteur des pauvres ou la Commission de la maison de charité de la ville ou du village le mette en liberté pour le placer en apprentissage, avec le consentement du juge de paix, de l'un des aldermans de la ville ou des administrateurs du village. »

---

allant coucher chaque soir dans les chambres misérables qui sont leurs « homes ». Une plus grande partie, environ 13,000, ont trouvé un asile dans les « Maisons de logement pour les garçons et pour les filles. » Là on leur a enseigné des habitudes de propreté, d'ordre et d'économie ; ils ont fréquenté les écoles du soir et du dimanche et ont été préparés pour le grand but de la Société : leur établissement dans des familles de campagne. Toutes les branches de cette association, les 21 Ecoles de jour et les 14 Ecoles de nuit, les 6 Maisons de logement et de travail de nos différents inspecteurs et maîtres, non-seulement font du bien à ceux qui restent en ville, mais tendent aussi à attirer tous ceux qui devraient être éparpillés dans les campagnes. Le travail étendu de la Société a coûté, nous l'avons dit, un million de francs pendant l'année qui vient de s'écouler ; plus de la moitié a été contribuée par la générosité particulière ; le reste provient des « County taxes » ou impôts des comtés et du « School fund tax » ou impôt pour le maintien des écoles. La Société a été en opération pendant 25 ans et a dépensé plus de dix millions de francs, a établi dans des familles de campagne environ 35,000 enfants abandonnés et sans asile. La plupart sont devenus des personnes utiles et respectées. » — (*Rapports*, p. 122.)

En 1854, l'article 9 de l'Acte d'institution du grand Asile de l'enfance de New-York était amendé en ces termes : « Lorqu'un enfant au-dessus de 7 ans et au-dessous de 14 ans sera amené par le policeman de la cité de New-York devant le maire ou le juge ou l'alderman pour avoir été trouvé dans les rues, sur la place publique, nécessiteux, souffrant, abandonné, exposé ou négligé ou mendiant... si le magistrat s'est convaincu, par témoignages compétents, que cet enfant doit être placé sous l'action des dispositions de cet Acte, après l'avoir interrogé; que la raison de son abandon est dans l'habitude que ses parents ou son gardien légal ont de s'enivrer ou de se livrer à d'autres vices, et s'il juge que cet enfant est ainsi dans le cas d'être confié aux soins et à l'éducation donnée par la Société (de l'Asile de l'enfance), le magistrat, au lieu d'envoyer l'enfant dans une maison de charité de la ville ou dans tout autre établissement, s'il en existe, décidera, par un arrêt écrit de sa main, que l'enfant peut être confié à la Société et demeurer sous la garde du Conseil de direction, jusqu'à ce qu'il soit mis en liberté dans les formes prescrites par la loi. »

Il ne s'agit plus ici, on le voit, du régime pénitentiaire et nous sommes en plein domaine de l'assistance publique. En Europe, les pays qui nous devancent sur le terrain de la tutelle et de la protection des enfants abandonnés, sont, eux aussi, entrés résolûment dans cette voie. Nulle part on ne s'est arrêté devant les droits de la puissance paternelle, qui est considérée partout comme si elle n'existait pas lorsqu'elle ne remplit aucun de ses devoirs. En Allemagne, une loi, qui vient d'entrer en vigueur le 1er octobre dernier, dans la Prusse, dans les États de Nassau, Lauenbourg, Cassel, Francfort et le pays de Hohenzollern, sans déroger à aucune des dispositions légales antérieures qui permettent le placement forcé d'enfants dans une famille, une maison d'éducation ou de correction, même en dehors des cas où une action punissable aurait été commise par ces enfants, a établi le principe de l'éducation forcée (Zwangserziehung) pour tous les enfants délaissés, dépourvus de tuteurs ou gardiens (verwahrloste Kinder). Elle applique les mêmes dispositions aux enfants âgés de moins de 12 ans qui commettent un acte punissable; et elle décide qu'ils pourront être placés, par voie administrative, dans une famille présentant les garanties voulues ou dans un établissement d'éducation ou de correction « lorsque, porte le texte, *le caractère de l'action punissable, la situation personnelle des parents ou des autres personnes sous la garde desquelles l'enfant se trouve et les autres conditions de son existence rendent ce placement nécessaire pour prévenir un plus grand abandon.* »

L'exécution de cette loi est confiée aux autorités instituées par la loi du 5 juillet 1875 sur les tutelles, à savoir au *Tribunal de tutelle*, composé d'un juge unique chargé de surveiller l'administration des tuteurs, de pourvoir à leurs défaillances et de prononcer contre eux des amendes, et au *Conseil des Orphelins*, nommé par chaque commune avec mission de veiller à l'éducation des mineurs, de se faire rendre compte de la gestion des tuteurs et de contrôler l'action du tribunal de tutelle. Cette mention de la nouvelle loi allemande n'est pas sans opportunité au lendemain du vote du Sénat qui renvoie à l'examen de la Commission le projet de loi de M. Jules Favre relatif à la constitution et à l'organisation des tutelles et dans un pays où, d'après la déclaration du garde des sceaux, 212,000 tutelles attendent, à l'heure actuelle, leur constitution régulière.

Parmi les peuples latins, l'Italie a donné, en 1873, un bel exemple des salutaires restrictions mises aux abus de la puissance paternelle, par le vote de la loi prohibitive de l'emploi des enfants dans les professions ambulantes. Nous devons nous-mêmes à cet exemple notre loi du 20 décembre 1874, dont l'article 1er, après avoir interdit à tous autres qu'aux père et mère d'employer dans leurs représentations des enfants âgés de moins de 16 ans, interdit aux père et mère eux-mêmes d'employer leurs enfants âgés de moins de 12 ans.

L'article 3 de cette loi va plus loin encore, puisqu'il punit des peines prévues à l'article 276 du Code pénal : « Quiconque emploie des mineurs de 16 ans, à la mendicité habituelle, soit ouvertement, soit sous l'apparence d'une profession, et porte la privation des droits de la puissance paternelle, ou la destitution de la tutelle, contre les père, mère ou tuteur coupables de ce délit. »

Un semblable précédent dans notre propre législation nous dispense d'aborder la question des ménagements dus à la puissance paternelle et ne permet pas de redouter, de ce côté, des objections sérieuses aux propositions que nous avons honneur de faire au nom de la troisième Section. Nous sommes, grâce à Dieu, malgré l'imperfection de nos lois, tellement éloignés, par nos senti-

ments et le progrès de nos mœurs, des temps où la puissance paternelle apparaissait non-seulement comme un pouvoir sans limites,
mais comme un droit supérieur et étranger à tous les devoirs,
qu'on doit considérer le fond même de ces propositions comme
une satisfaction à donner à la conscience publique. Nous ne
comprenons guère aujourd'hui l'autorité du père sans la dignité,
sans la responsabilité sentie, sans la sollicitude pour l'intérêt de
l'enfant. Ce droit, si terrible dans l'antiquité, est, avant tout pour
nous, un ensemble de devoirs. En dehors de ces notions épurées,
la puissance paternelle ne saurait plus être considérée comme une
des colonnes de l'ordre moral et social. Nous sentons au contraire que tout effort sincère pour la dépouiller des derniers abus,
qui la font apparaître parfois comme un vestige de la barbarie
païenne, loin de lui porter atteinte, doit servir à la fortifier.

Le rapporteur de la loi italienne de 1873, M. le Sénateur de
Falco, a remarqué très-justement que le Code civil lui-même
règle la puissance paternelle et la tutelle, comme des *devoirs*
plutôt que comme des *droits* et que c'est dans l'intérêt des
mineurs que ces pouvoirs ont été constitués et réglés.

Telles sont les données et les convictions auxquelles la troisième Section de la Société des prisons a obéi en autorisant
son rapporteur à lui présenter, sous la forme d'un Projet de
loi, un certain nombre de propositions, formant en quelque
sorte le programme à débattre de la solution législative qui
doit donner à la protection et à la tutelle des mineurs abandonnés et maltraités, la base solide qui lui manque encore.
Réalisant cette pensée avec un empressement trop grand peut-
être, nous avons soumis à nos collègues, comme texte de
discussion, un Projet qui a dû passer sous les yeux de beaucoup de membres de la Société, avec les honneurs de l'impression autographique, qu'il ne méritait guère. Nous avons l'avantage en ce moment, grâce à la précieuse collaboration du
Secrétaire général de la Société, de pouvoir présenter un texte
plus digne d'attention. C'est ce texte, revu par **M.** Fernand
Desportes, qui forme la conclusion de cette seconde partie de
notre Étude :

PROPOSITION DE LOI

AYANT POUR OBJET LA PROTECTION ET LA TUTELLE DES ENFANTS
ABANDONNÉS ET MALTRAITÉS.

ARTICLE PREMIER. — Tout enfant ou mineur de 16 ans, de l'un ou l'autre sexe, matériellement ou moralement abandonné, ou maltraité, est placé sous la protection et la tutelle de l'autorité publique.

ART. 2. — L'enfant ou mineur matériellement abandonné est celui qui n'a ni parents, ni tuteur, ni amis qui puissent prendre soin de sa personne.

ART. 3. — L'enfant ou mineur moralement abandonné ou maltraité est celui dont les parents ont habituellement négligé de le surveiller, ou sont eux-mêmes d'une inconduite notoire ou ont été condamnés comme auteurs ou complices d'un délit commis sur sa personne.

ART. 4. — Tout mineur de 16 ans rencontré en état d'abandon matériel est, à la diligence du préfet de police, dans le département de la Seine, et du maire de la commune, dans les autres départements, et sur l'avis conforme du procureur de la république, confié à la garde, soit de l'assistance publique, soit d'une personne, d'une société de patronage, d'un orphelinat ou autre établissement d'éducation préventive jusqu'à ce qu'il ait été statué sur son sort.

ART. 5. — Dans les départements autres que celui de la Seine, le procureur de la république avise dans les quarante-huit heures le préfet du département dans lequel l'enfant a été rencontré.

Le préfet désigne soit la commission de l'hospice, soit la personne, la société de patronage, l'orphelinat ou autre établissement d'éducation préventive à qui la tutelle de l'enfant doit être confiée, conformément à la loi du 15 pluviôse an XIII.

ART. 6. — L'enfant matériellement abandonné à la suite de circonstances indépendantes de la volonté de ses parents, peut, lorsque les circonstances qui ont motivé son abandon, ont cessé, leur être remis sur un ordre du procureur de la république.

Les parents peuvent se pourvoir devant le tribunal et par voie de référé contre la décision de ce magistrat.

ART. 7. — Les parents de l'enfant moralement abandonné ou maltraité peuvent être privés de sa tutelle, en même temps que de la garde de sa personne, jusqu'à sa majorité ou son émancipation.

ART. 8. — Toute demande tendant à priver les parents ou l'un d'eux de la tutelle ou de la garde de leur enfant mineur de 21 ans abandonné ou maltraité, est introduite par le procureur de la république près du tribunal du lieu de leur domicile.

Pendant l'instance, l'enfant est placé, conformément à l'article 4 de la présente loi, à la diligence et sur l'ordre du procureur de la république.

Les débats ont lieu et le jugement est rendu en chambre du conseil, les parents dûment appelés.

Un conseil de famille, composé comme il est dit aux articles 407 et suivants du Code civil, donne préalablement son avis sur l'opportunité de la demande.

Le jugement détermine, s'il y a lieu, le montant des aliments que les parents devront fournir à leur enfant pendant le temps qu'ils seront privés de sa garde.

Art. 9. — Les jugements rendus conformément à l'article précédent sont exécutoires nonobstant opposition ou appel.

Ils peuvent, en tout temps, être rapportés sur la demande du ministère public ou des intéressés.

Art. 10. — Sur le vu du jugement et à la requête du procureur de la république, le préfet procède conformément à l'article 5 de la présente loi.

Art. 11. — Le ministre de l'intérieur est chargé d'organiser l'inspection du service de protection et de tutelle des enfants placés conformément à la présente loi.

Il peut, sur la proposition des inspecteurs et sur l'avis conforme du procureur de la république, retirer, pour la déférer à d'autres, la tutelle ou la garde de ces enfants aux personnes ou sociétés à qui elle a été d'abord confiée conformément aux articles 5 et 10 de la présente loi,

Art. 12. — Les dépenses auxquelles donne lieu l'exécution de la présente loi sont imputées au compte des dépenses réglées par l'article 5 de la loi du 1er mai 1859.

Après la lecture de ces articles, faite, le 12 juin, à la Société générale des Prisons, M. le sénateur Bérenger, qui présidait la séance, ayant déclaré la discussion ouverte, M. Fernand Desportes s'est attaché à démontrer que ces articles placent sur son véritable terrain la question de l'*Éducation préventive*, qui semble n'avoir été envisagée par tous ceux qui s'en sont occupés en France et par M. le pasteur Robin lui-même, que comme une question relevant de la réforme pénitentiaire.

« On ne saurait, dit M. Desportes, appliquer le mot d'*Éducation préventive* à l'Éducation d'enfants qui sont placés sous l'application des articles 66, 67 et suivants du Code pénal et de la loi du 5 août 1850. Alors même qu'ils sont acquittés pour avoir agi sans discernement, ces enfants ont malicieusement commis un fait délictueux ; ils ont comparu devant un tribunal et ils ont justement appelé sur eux la vigilance de l'autorité publique. »

Prêtant encore ici son concours au Rapporteur de la section d'Éducation correctionnelle, M. Desportes a constaté que la loi française ne s'est occupée que de ces enfants-là et que c'est en leur faveur que nous cherchons nous-mêmes en ce moment à améliorer les lois existantes, notamment par la création d'établissements nouveaux sur le type de l'École industrielle. Mais l'honorable Secrétaire général de la Société des Prisons voudrait éviter une confusion dans laquelle tombent les partisans de cette création qui cherchent à l'enfermer dans le domaine de la loi pénale.

« En réalité, dit M. Fernand Desportes, ces établissements seraient, dans la pensée de ceux qui les réclament, destinés bien plutôt aux enfants qui sont *exposés*, par l'abandon moral ou matériel dans lequel ils se trouvent, à commettre des délits, qu'à ceux qui en ont réellement commis, avec ou sans discernement... Eh bien, ajoute M. Desportes, ces enfants... ne doivent pas trouver place dans une loi pénale; le Code pénal ne saurait les atteindre, la loi de 1850 ne saurait s'occuper d'eux. Vous n'avez pas le droit de les assimiler à de jeunes délinquants... » — « Ces pauvres abandonnés appartiennent à l'assistance publique ; ce qu'il faut pour eux ce n'est pas une loi répressive, c'est une loi d'assistance. Cette loi est nécessaire ; elle manque à notre législation ; nous vous demandons de la préparer, après celle qui a pour objet d'amender la loi du 5 août 1850 et de tracer le plan d'une éducation qui sera véritablement *préventive*, puisqu'elle aura pour résultat d'empêcher les enfants exposés à commettre le délit, de devenir coupables. »

La session annuelle de la Société générale des Prisons a dû être close le 12 juin, en vertu du Règlement; mais, ainsi que l'a déclaré M. le Président, la discussion est restée ouverte et a été renvoyée au début de la session prochaine, c'est-à-dire au mois de décembre. Nous espérons que cette discussion portera aussi des fruits et qu'il en sortira une Proposition de loi d'une élaboration assez avancée pour qu'elle puisse, à son tour, être apportée devant le Parlement et suivre, sans longs retards, sur le terrain de la discussion législative, la Proposition de loi sur *l'Éducation et le Patronage des jeunes détenus et la révision des articles du Code pénal concernant les mineurs de 16 ans*, déposée sur la tribune du Sénat le 28 juillet, au nom du Président, des deux Vice-Présidents de la Société générale des Prisons et du Rapporteur de la section d'Éducation correctionnelle.

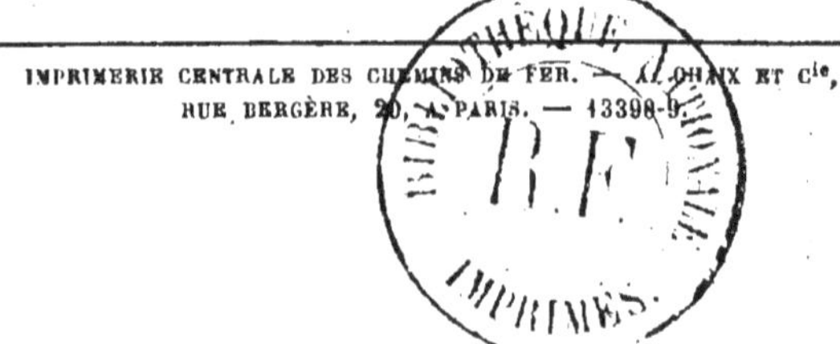

IMPRIMERIE CENTRALE DES CHEMINS DE FER. — ALCHANX ET Cⁱᵉ,
RUE BERGÈRE, 20, A PARIS. — 13390-9.